Mangiato Bene?

ROBERTA SCHIRA

Mangiato Bene?

As sete regras para reconhecer a boa cozinha

Tradução
Eliana Aguiar

1ª edição

RIO DE JANEIRO | 2015

CIP-BRASIL. CATALOGAÇÃO NA FONTE
SINDICATO NACIONAL DOS EDITORES DE LIVROS, RJ.

S364m Schira, Roberta
Mangiato bene? As sete regras para reconhecer a boa cozinha / Roberta Schira; tradução Eliana Aguiar. – 1. ed. – Rio de Janeiro: Best*Seller*, 2015.
il.

Tradução de: Mangiato Bene?
ISBN 978-85-7684-861-5

1. Culinária. I. Título.

15-24566
CDD: 641.5
CDU: 641.5

Texto revisado segundo o novo Acordo Ortográfico da Língua Portuguesa.

Título original
MANGIATO BENE?
Copyright © 2014 by Roberta Schira

Capa: Gabinete de Artes
Editoração eletrônica: Abreu's System

Todos os direitos reservados. Proibida a reprodução, no todo ou em parte, sem autorização prévia por escrito da editora, sejam quais forem os meios empregados.

Direitos exclusivos de publicação em língua portuguesa para o Brasil adquiridos pela
Editora Best Seller Ltda.
Rua Argentina, 171, parte, São Cristóvão
Rio de Janeiro, RJ – 20921-380
que se reserva a propriedade literária desta tradução

Impresso no Brasil

ISBN 978-85-7684-861-5

Seja um leitor preferencial Record.
Cadastre-se e receba informações sobre nossos lançamentos e nossas promoções.

Atendimento e venda direta ao leitor
mdireto@record.com.br ou (21) 2585-2002

Sumário

Se pelo menos uma vez... 9

Mangiato bene? 11
Preparar-se para a avaliação 26
Bom em todos os sentidos 30
Antes de tornar-se crítico gastronômico... 39
A resenha perfeita 57
As tarefas e os exercícios 67

As sete regras para reconhecer a boa cozinha 75
Regra Número 1: Ingredientes 77
Regra Número 2: Técnica 91
Intervalo. Do primeiro para o segundo nível. 102
Regra Número 3: Gênio 108
Regra Número 4. Equilíbrio/Harmonia 114
Regra Número 5: Atmosfera 123
Regra Número 6: Projeto 139
Regra Número 7: Valor 153

Tabela de avaliação 163

Contribuições 167
Fim. E se a verdade fosse justamente o contrário? 229

Bibliografia 233

Há indivíduos a quem a natureza negou aquele apuro dos órgãos ou força de observação, sem os quais mesmo os pratos mais suculentos passam despercebidos.

[...] Mas há uma classe privilegiada que uma predestinação física e estrutural chama ao gozo do gosto.

Anthelme Brillat-Savarin, 1825

A alma de um *gourmand* está toda no paladar: ele só vive para comer; em sua estupidez, só encontra paz à mesa, não é capaz de julgar nada senão os pratos: vamos deixá-lo à sua tarefa.

Jean-Jacques Rousseau, 1775

Se pelo menos uma vez...

Se pelo menos uma vez na vida você consultou um guia gastronômico e cheio de esperança confiou em suas indicações; se consultou um guia como se fosse a Bíblia e acabou decepcionado; se come fora de vez em quando e fica confuso quando lhe pedem uma opinião; se tem vontade de dar uma nota cada vez que sai de um restaurante; se costuma dar uma espiada nos blogs de culinária e já pensou "eu também posso fazer isso". Se você acha que sabe tudo de cozinha porque não perdeu um episódio de *MasterChef* ou pelo menos uma vez na vida frequentou um curso básico e pensou em abrir um pequeno bistrô em uma praia exótica. Se é dono de restaurante, cozinheiro profissional, garçom, lava-pratos e pelo menos uma vez na vida se perguntou ao ler uma crítica: "Que droga de critério esse sujeito usou para me dar essa nota?" Se os amigos o convidam para jantar e no final pedem sua opinião. Se você é daqueles que leem as críticas culinárias, mas nunca concorda e bem lá no fundo acha que poderia fazer muito melhor; se pelo menos uma vez na vida dirigiu quilômetros a fio, de madrugada, para começar o dia com um brioche decente; se acha que é capaz de reconhecer o que é Bom com B maiúsculo. Se alguma vez você consultou o TripAdvisor antes de fazer sua reserva em um restaurante; se pelo menos uma vez sentiu inveja do poder do crítico gastronômico ou sonhou em comer de graça em um três estrelas. Se pelo menos uma vez na vida teve inveja de quem sabe dizer coisas inteligentes sobre comida; se ficou frustrado ou confuso com uma conta alta demais ou por não ter tido coragem de devolver um prato. Se já sonhou, pelo menos uma vez na vida, que descobria as regras capazes de ajudá-lo a reconhecer o local perfeito e a boa cozinha...

Se você se reconheceu em pelo menos três desses casos, então este livro é para você.

Mangiato bene?

— Como pôde recomendar aquela porcaria de lugar e ainda dizer que se come bem? Serviram um caldo insípido e um pedaço de gelatina gelada ao lado da carne. Minha nota é zero.

— Já resolvi: vou trabalhar meio expediente, abrir um blog de receitas veganas e resenhar alguns restaurantes. Afinal, o que é necessário para ser um crítico gastronômico? Nada, basta publicar alguns artigos, falar mal de um chef famoso, e pronto. E você ainda pode andar por aí comendo de graça.

A maior parte das pessoas não está preparada para reconhecer a boa cozinha e, muitas vezes, nós rejeitamos aquilo que não entendemos. Acontece também com vinhos, roupas, livros, filmes e até com seres humanos.

Ninguém vira perito em culinária de um dia para o outro; não bastam — apenas — regras escritas para julgar um prato. E não basta ler um livro para entender de comida.

Não basta, mas é um bom começo.

Estação de metrô de Enfant Plaza, Washington D.C.: em uma fria manhã de janeiro de 2007, um homem começa a tocar violino. As pessoas parecem indiferentes, mas ele continua: as peças se sucedem, uma chacona de Bach, a *Ave*

Maria de Schubert, um trecho de Manuel Ponce, um outro de Massenet, e de novo Bach. Os transeuntes têm pressa, mas alguns param para ouvir e algumas moedas se acumulam em seu chapéu. O jovem gerente John David Mortensen diz: "Não sei por que, mas, de repente, parei e dei dinheiro ao músico. Nunca tinha acontecido antes." Evan, de 3 anos, empaca e se recusa a continuar, fascinado com a música. Sua mãe o arrasta e declara: "Estava com pressa, mas meu filho estava inexplicavelmente encantado, não conseguia tirá-lo dali. Parecia hipnotizado."

O jovem músico era o célebre violinista Joshua Bell e o instrumento, o seu magnífico Stradivarius de 1713, avaliado em quase 4 milhões de dólares. A performance incógnita tinha sido organizada pelo *Washington Post* como parte de uma experiência social sobre a percepção e o gosto. Os temas em questão eram: "Em um ambiente inusitado, em uma hora incomum, as pessoas têm a mesma capacidade de perceber a beleza? E, mesmo que a reconheçam, elas param para apreciar? Reconhecem o talento mesmo fora de seu contexto?"

Vamos tentar aplicar essas perguntas à esfera da comida e dos restaurantes. Em um ambiente qualquer e em uma hora inapropriada, temos condições de reconhecer se uma comida é boa? Somos capazes de reconhecer se um prato é bom sem possuir nenhum conhecimento específico e fora de certo contexto? Nunca lhe aconteceu de comer em um lugar qualquer na rua e ficar perdidamente apaixonado por um sanduíche de pernil?

Buscando a resposta para estas questões, depois de pensar um pouco — apenas durante os dez últimos dos meus vinte anos de militância como crítica gastronômica —, formulei uma tese, que tentarei demonstrar neste livro.

Minha tese é de que o Bom, assim como o Belo, é universalmente reconhecível e que, portanto, o Bom é objetivo. As pessoas que pararam para ouvir Joshua Bell reconheceram a beleza da música, a excelência da interpretação e a extraordinária qualidade do instrumento. *Aplicando algumas regras à experiência gastronômica, somos capazes de fazer uma avaliação e de fazê-la com alto grau de objetividade, se estas regras forem universais, isto é, aplicáveis em qualquer lugar, a qualquer cozinha do mundo.*

Quem julga o quê

Ir ao restaurante é como assistir a uma representação teatral. O texto do espetáculo é sempre o mesmo, mas a encenação muda a cada noite, pois embora os pratos propostos no cardápio tenham sido executados dezenas de vezes, cada um deles apresenta sempre um detalhe que o diferencia do mesmo prato preparado na noite anterior: exatamente como uma cena que, durante a temporada, nunca acontece exatamente como na "estreia".

Comer fora é uma das maiores provas de confiança. Colocamos a vida nas mãos de um estranho, que pode fazer conosco o que bem entender: matar-nos ou levar-nos ao Paraíso. A experiência gastronômica é das mais elevadas, gratificantes, emocionalmente envolventes. Uma experiência que merece todo o nosso respeito e atenção, um pedacinho de vida que não se pode resolver simplesmente com um "bom/ruim".

A experiência gastronômica começa quando escolhemos o restaurante e as pessoas com quem partilharemos a refeição, pois nenhuma comida é apenas um coágulo de moléculas e calorias. Começa quando investimos emocionalmente na partilha desse alimento-símbolo. Continua quando fazemos a reserva, esperando conseguir uma boa mesa. Chega ao fim da primeira etapa quando saímos do local, caminhando para o carro depois de ter pago a conta. Prossegue no caminho de casa, quando os comensais comentam a refeição partilhada, e só se interrompe por algumas horas, pois a experiência gastronômica dura muito mais. Dura pelo menos até a manhã seguinte, quando pensamos no chef com reconhecimento ou com rancor. Mas não acaba por aí: renova-se a cada vez que alguém, falando do tal restaurante, perguntar: "A comida estava boa?" É aí que se revela a arte, é aí que se abre — às vezes — o abismo.

Vejamos os casos extremos. De um lado, um autêntico gourmet, o parceiro culto, acostumado a reconhecer o melhor porque já pôde saboreá-lo muitas vezes, o competente da mesa, o príncipe do paladar; do outro, o culinariamente inculto, o comensal escravo do *quanto*, ignorante do *o que* e do *como*.

O primeiro vai arrastar o interlocutor para um denso relato de refinados detalhes, recordando a forma da taça de cristal, o nome daquele criador de aves, descrevendo a alternância de sabores e o jogo das consistências em seu paladar celestial, vai deixá-lo boquiaberto ao listar — sem errar nenhum — todos os ingredientes daquele recheio e uma infinidade de detalhes pescados aqui e ali durante o jantar: da gramatura da toalha de Flandres aos elegantes movimentos da garçonete que trouxe a conta; da safra do vinho, descoberta imediatamente, ao nome curioso de uma erva aromática que — incrível! — nem o cozinheiro lembrava mais.

O segundo, diante da pergunta fatídica: "A comida estava boa?", responderá com um lacônico "Sim" ou "Não", segundo as circunstâncias. No máximo, exibirá um par de comentários sobre a abundância das porções ou sobre o preço.

Estes são os extremos. Entre eles existe uma grande quantidade de formas de avaliação. E cada vez mais estas avaliações são expressas por escrito e publicadas na web. E há também o meu leitor de referência: aquele que gostaria de dar palpite, mas ainda não se sente capaz e quer se orientar.

Basta pensar, por exemplo, no sucesso planetário do TripAdvisor, um instrumento que permite que qualquer um dê sua opinião sobre um restaurante ou hotel. Sua popularidade cresceu tanto que os adesivos que apregoam *Recomendado por TripAdivisor* fazem companhia aos dos guias mais populares nas portas dos hotéis e restaurantes.

A ideia é genial. Baseia-se no princípio do chamado USG [*user-generated content*]: os conteúdos são produzidos pelos próprios usuários, que, assim, se tornam criadores e beneficiários ao mesmo tempo. Deixemos de lado as polêmicas sobre a transparência dessas avaliações e sobre o fato de serem anônimas — mas não por muito tempo. A maior parte dos usuários é formada por pessoas reais, que gostam de sair para jantar e que, chegando em casa, redigem e enviam diligentemente a própria crítica. Seguindo a trilha desse formato, uma série de outros sites e blogs nascem diariamente usando o mesmo princípio: vou ao restaurante ou ao hotel e depois publico minha experiência na internet.

Também sobre este assunto existem duas escolas opostas em pensamento: há os que pensam que é direito de todos publicar livremente a própria opinião, pois não consideram necessária uma preparação especial para fazê-lo. E há os que pensam que as opiniões confiáveis são apenas as das pessoas competentes e preparadas, que têm um "nome" criado pela experiência no campo gastronômico.

Mas mesmo entre as milhões de pessoas no mundo inteiro que procuram a internet para descobrir a reputação online de restaurantes e hotéis, há quem gostaria de uma indicação objetiva, universal. Perguntemos, então: com que critério são formuladas essas apreciações? Resposta: nenhum.

Se tem uma coisa que deixa chefs e donos de restaurantes furiosos é ter de enfrentar a falta de capacitação de quem escreve sobre comida, a ignorância de quem os julga. Conheço bem o olhar de desprezo que certos chefs reservam aos autonomeados críticos, titulares de blogs de grafia improvável e responsáveis pela deterioração da imagem da categoria. Sabem o que um chef ou dono de restaurante faz todo dia de manhã, assim que desperta para um novo dia? Digita compulsivamente os endereços dos blogs gastronômicos mais lidos e verifica no Google se saiu alguma nova crítica de seu restaurante. Dialogando diariamente com a categoria dos chefs, convenci-me de que qualquer um deles, do triestrelado ao sanduicheiro da esquina, ficaria feliz em submeter seu trabalho a julgamento se tivesse certeza de que a avaliação em questão deriva de critérios os mais universais e compartilhados possíveis: os mesmos para todos, críticos e clientes.

O que não anula o fato de que muitos blogs de culinária são preciosa fonte de dicas e, sobretudo, importante terreno de debate. Não nego que eu mesma consulto a internet em busca da opinião de pessoas ou títulos de minha confiança, e, também, da opinião das chamadas "pessoas comuns". Serve para verificar se uma dúvida que tive durante um jantar é confirmada pela opinião de alguém, para descobrir se a conta desproporcional é uma regra, se o serviço levemente negligente é um caso isolado ou um hábito.

Consultando-os, sempre me pergunto por que os guias e blogs que em cada país avaliam restaurantes e hotéis não tornam públicos os critérios em que se baseiam. Trata-se de uma escolha, a escolha de esconder os instrumentos de análise para tutelar seu próprio "poder", ou acontece simplesmente porque ninguém nunca se deu o trabalho de defini-los, codificá-los, analisá-los e publicá-los por escrito? Quase todos os guias gastronômicos internacionais declaram, por amor à transparência, que os elementos de avaliação considerados por um inspetor são: cozinha, ambiente, serviço e adega. O guia Michelin vai um pouco mais longe e considera, também, qualidade e equilíbrio dos ingredientes, técnica de preparação e criatividade do chef. "O guia vermelho", que considero digno de crédito, tem, no entanto, o defeito de usar como referência predominante o modelo francês. Frank Bruni, um dos históricos ex-críticos gastronômicos do *New York Times*, escrevia: "As tipologias de restaurante que o Michelin indica na Itália sempre têm algo de irritantemente francês." Felizmente, as coisas mudaram um pouco, e até o Michelin tem se adaptado aos novos padrões de referência.

Para todos os outros guias, valem os habituais, vagos cânones; no máximo, varia a ordem de importância, a hierarquia de cada elemento de julgamento, mas o conteúdo não muda: os critérios são aqueles. A "cozinha" está na base de todos: mas, afinal, o que é exatamente uma "boa cozinha"? Além do mais, nos últimos anos o mundo da culinária e dos restaurantes sofreu mudanças radicais — nada evolui tanto quanto a culinária, talvez só a língua —, enquanto os elementos acima citados permanecem iguais há décadas, sem que ninguém os tenha analisado em profundidade ou colocado em discussão. Qual é exatamente a cozinha que devemos julgar? Como deve ser o serviço para que o cliente se sinta bem? O que determina que um ingrediente é de qualidade?

É como se as premissas que antecedem tais questões fossem favas contadas.

De uma maneira mais geral: não existe uma teoria da cozinha e dos restaurantes, nem uma escola que ajude a julgar e reconhecer um bom restaurante e, portanto, tampouco um manual de orientação. Não existe nada escrito que primeiro enquadre os conceitos de "crítica" para, depois, entrar na fase prática bisbilhotando as cozinhas dos chefs e as cabeças dos inspetores de guias e dos críticos gastronômicos. Não existe uma Ordem dos profissionais do ramo que lhe concede o diploma que fará de você um "paladar de ouro", um "crítico", um "expert".

Digamos que é sempre bom começar tendo em mente os verbos fundamentais, que se transformam no Verbo dos gourmets: *saborear, estudar, perguntar, comparar*. Posso dizer que a repetição ao infinito destas quatro ações pode transformar qualquer pessoa em um honesto conhecedor do setor, em um apaixonado ou, simplesmente, em um comum mortal que gosta de comer fora. Mas há também a predestinação — conforme sustenta Brillat-Savarin na epígrafe deste livro —, mas isso já é outra história. E não é suficiente.

As sete regras

Nas minhas quatro décadas de experiência encontrei uma multidão de comensais, cozinheiros, criadores e produtores preparados. Mas também encontrei cozinheiros melindrosos, donos de restaurantes aduladores ou desonestos, produtores arrogantes e incapazes, comensais polêmicos, leitores curiosos, comedores confusos, críticos, sábios, jornalistas presunçosos: uma coisa é certa, todos nós precisamos de alguma regra.

Voltando de Londres, discuti furiosamente com um colega jornalista a respeito de um restaurante no qual, em julho, penei para encontrar uma mesa, o Medlar, em King's Road, e que alguns meses depois ganharia sua primeira estrela Michelin. Ele criticou o restaurante, que eu havia considerado de alto nível, dizendo que era "gastronomicamente imaturo". Como era possível uma divergência tão nítida de avaliação em um espaço tão curto de tempo?

Podemos nos entrincheirar atrás da ideia de que "o gosto é subjetivo" e ponto final. Já que não existem regras, simplesmente vale tudo. É assim que começa a grassar o subjetivismo mais absoluto, cujo princípio é: "o que um gosta, outro pode muito bem não gostar." Se o Bom é subjetivo, qualquer um pode levantar um belo dia de manhã e resolver que vai arrasar um restaurante, brincando de crítico gastronômico.

O empurrão que faltava para me convencer da necessidade de uma teoria da culinária, ou melhor, de uma teoria do setor de restaurantes, veio alguns anos atrás com uma nova função: a colaboração como consultor gastronômico naquele que viria a ser um dos mais importantes sites internacionais de cultura culinária, o *finedininglovers.com*, que apresenta diariamente uma história a respeito de comida, acompanhada de esplêndidas fotos. O site também transmite ao vivo a apresentação da lista *The Fifty Best*, talvez a classificação mais influente do mundo sobre culinária. Atenção, não escrevi "confiável" (e nenhuma o será realmente até que se estabeleçam critérios compartilhados). Escrevi "influente". E isso ela é, visto que os primeiros classificados recebem avalanches de pedidos de reserva. A cada ano, oitocentos jurados escolhem os cinquenta melhores restaurantes do mundo, e, quase todo ano, de forma implacável, algum jornal dá início às polêmicas.

Os temas são sempre os mesmos: quais são os critérios utilizados por essas pessoas, das quais depende, muitas vezes, o destino de um restaurante? A mídia e, sobretudo, os críticos gastronômicos excluídos da alta cúpula dos jurados exigem transparência. Em seguida, no outono, chega a vez dos guias gastronômicos, e, também nesse caso, repercute o problema dos parâmetros usados para dar as notas e avaliações.

Depois de refletir durante anos, tento fixar neste livro *as sete regras* de acordo com as quais, a meu ver, se deve basear uma avaliação em matéria gastronômica.

Além de estabelecê-las, tratei de justificá-las, e considero que podem ser adotadas para qualquer experiência culinária: da visita ao restaurante pluriestrelado ao almoço em um restaurante simples e ao jantar na casa de amigos.

Hoje, vivemos uma contradição. Enquanto o mundo da culinária e dos chefs ganha cada vez mais popularidade e movimenta recursos e energias econômicas cada vez maiores, invadindo todos os âmbitos da comunicação, tudo o que se refere à comida e aos restaurantes ainda é considerado cultura de série B.

Buscando e explicitando *as sete regras*, considero que faço um favor, antes de mais nada, à minha própria categoria. A existência de uma teoria da cozinha e dos restaurantes aumenta automaticamente a credibilidade daqueles que trabalham profissionalmente com comida. Identificar e explicitar os cânones de juízo do crítico gastronômico confere maior dignidade a um "saber" superestimado, por um lado, e, por outro, incompreendido, difamado, inflacionado, nebuloso, premiando quem possui e exerce uma autêntica competência, fruto de dedicação e estudo.

Ao mesmo tempo, explicitar as regras usadas pelos críticos profissionais democratiza a arte da avaliação. Não é justo que apenas um punhado de privilegiados desfrute do poder de condicionar o faturamento de um restaurante. Mas significa também colocar um freio nos aplicativos como TripAdvisor, onde impera a não regra, a subjetividade mais absoluta, um contexto em que todos podem dizer tudo e, muitas vezes, mantendo o anonimato. Entre os críticos oficialmente credenciados e os anônimos que emitem sentenças ao sabor da própria veneta podem se situar aqueles que aprendem a aplicar a sequência "experimentar, estudar, perguntar, comparar" e *as sete regras* para reconhecer a boa cozinha. Com o tempo e a experiência, poderão expressar sua opinião de maneira mais objetiva, sobre bases codificadas, sem se guiar por um impulso emocional ditado por fatores subjetivos.

O caminho foi indicado. É simples? Não, de jeito nenhum. Estou tentando há vinte anos e ainda estou no começo, mas nas páginas que se seguem tentarei compartilhar tudo o que aprendi. Gostaria que os leitores, os apaixonados, assim como os colegas, donos de restaurantes e especialistas, colocassem as minhas *sete regras* à prova e, eventualmente, formulassem as suas. Tudo isso representaria, finalmente, a abertura de um debate sobre uma matéria considerada efêmera e subjetiva por excelência: o juízo sobre a experiência gastronômica.

Pensando neste livro, retomei os cardápios rabiscados reunidos em toda uma vida de "restauranteira"; repesquei as resenhas publicadas nos últimos anos no *Corriere della Sera*, tirei da estante os "textos sagrados" e ilustrei-me com as lições dos grandes críticos gastronômicos do passado, principalmente Grimod de la Reynière, aquele que antecipou Brillat-Savarin na arte da *gourmandise*.

A experiência no site internacional *Finedining lovers* tinha me oferecido uma visão da realidade a partir do alto e de longe, tinha me desprovincializado. Continuava, é claro, a andar em busca de pequenos restaurantes do interior, desconhecidos pela maioria, para a felicidade dos leitores de meus artigos no *Corriere della Sera*, mas, cada vez que experimentava um prato ou discutia com um colega a respeito de um novo local, dizia comigo mesma: "Preciso criar algumas regras para tornar a avaliação o mais objetiva possível." Afinal, de que serviram anos de jantares hipercalóricos, de cursos de culinária à prova de dor nas costas, de entrevistas com cozinheiros azedos e onipotentes, de leituras frenéticas sobre o assunto? De que serviu ter experimentado cada coisa comestível desta terra, da *salamella*,* degustada na festa do padroeiro do lugar, à terrina de perdiz, no restaurante de nome, do fígado de pombo cru às escamas de dentão secas, e tudo isso lutando para não ultrapassar o tamanho 46? De que serviu publicar uma dúzia de livros, fazer dezenas de apresentações diante de velhinhas sonolentas à espera do bufê, aparecer na televisão diante de um apresentador que erra até o seu nome? De que valeu economizar durante meses para poder me permitir um jantar no Thomas Keler ou na Enoteca Pinchiorri?

Agora ficou extremamente claro para que serviu isso tudo — além de me proporcionar uma alegria profunda e absoluta. Tudo era voltado para a redação deste livro e para a identificação destas *sete regras* para reconhecer a boa cozinha.

A gastronomia é cultura

Falei de experiência gastronômica. Os escritos do supercitado (e pouco lido) Brillat-Savarin e de seu inspirador Grimod de la Reynière são iluminantes quando se trata de defini-la. Tratar

---

* *Salamella* é um embutido fresco, curto, de puro suíno, consumido após cozimento (na brasa, frito ou em molhos), produzido tipicamente na região da Lombardia. [*N. da T.*]

de gastronomia não significa tratar da digestão, nem tampouco de receitas. "A gastronomia diz respeito a todos, na qualidade de seres humanos", diz um senhor que se chama Carlo Petrini, "é uma ciência complexa e interdisciplinar", um âmbito cultural que interessa, inclui, concerne a todos os homens enquanto seres que comem. A gastronomia tem a ver com psicologia, medicina, química, física, biologia, agricultura, antropologia, economia, política. Engloba toda a cultura de um povo.

Se permito que meu filho se empanturre de batatas fritas num óleo reutilizado, talvez não me dê conta das consequências de meu comportamento. Um gastrônomo conhece as mudanças físicas e químicas que dizem respeito às moléculas que compõem estes dois ingredientes, a gastronomia é ciência. Sabe que isso danifica a saúde do menino, que poderia sofrer de distúrbios e doenças ligadas à obesidade, que comportam custos para o sistema de saúde e, portanto, a gastronomia está ligada também à política. Se não compramos o óleo e as batatas diretamente dos produtores, mas adquirimos óleo e batatas que vêm de longe — não porque sejam melhores que os produzidos aqui, mas por simples preguiça —, não se promove a economia local. Particularmente, ignoro que não muito longe de minha casa um jovem agricultor está tentando reproduzir uma velha cepa de batata roxa, cepa cuja história desconheço, com todas as suas implicações culturais e antropológicas. Se soubesse, poderia pressionar os políticos locais para que o município onde moro destinasse fundos para apoiar o cultivo de hortaliças e frutas imperfeitas, mas saudáveis, que está desaparecendo. Gastronomia significa ajudar quem cultiva a alcachofra-brava, quem cria a vaca agerolesa e quem produz o provolone *del Monaco*; significa incentivar a informação correta nas etiquetas dos produtos; significa perguntar por que gastamos mais para emagrecer do que para comer.

Assim sendo, o gourmet não é um hedonista desocupado, rico e ocioso, que só pensa em comida, mas um consumidor consciente que sabe reconhecer e apreciar o Bom. E esse Bom torna a sociedade melhor. Se a gastronomia diz respeito a toda a sociedade, isso significa que eu, *"homo restauranticus"*, posso influenciar e mudar o mundo até indo jantar fora.

Consequentemente, *as sete regras* para reconhecer a boa cozinha não servem apenas para identificar se um prato é fantástico ou foi preparado com desamor, se certo ingrediente é perfeito ou ruim, salgado demais ou picante de menos. *As sete regras* para reconhecer a boa cozinha têm relação com todas as disciplinas acima citadas, da psicologia à política, pois se referem à experiência gastronômica em sua inteireza e dizem respeito a toda uma cultura de referência. Isso comporta um passo à frente na busca de uma avaliação objetiva, compartilhável por todos, pois a percepção dos sabores, ou seja, o gosto — que tem em si certo grau de individualidade e, portanto, de subjetividade —, constitui apenas uma parte mínima da avaliação total da experiência gastronômica. Mesmo os mais céticos admitirão que a avaliação de um restaurante não se baseia exclusivamente nos pratos, mas em um conjunto de elementos, ou seja, não apenas no sentido do gosto.

Você certamente já ouviu falar de algumas das *sete regras*, em uma mesa vizinha à sua, em uma resenha, durante um debate; mas aqui todas estão juntas, justificadas e aprofundadas e, sobretudo, em ordem de importância. A ordem em que são apresentadas indica uma leitura bem precisa das prioridades a considerar.

No final do volume o leitor encontrará uma Tabela de avaliação — uma espécie de boletim —, para fazer seu próprio julgamento sobre uma experiência gastronômica, seja ela qual for. Essa tabela será sua companheira inseparável toda vez que for comer fora, e poderá ser partilhada na internet e comparada com a dos outros usuários. Assim, você dará sua opinião, mas dessa vez com conhecimento de causa.

Não corra para o final, ou melhor: não tente preenchê-la agora, mas só depois de ter superado o esforço de ler o restante do livro.

A recompensa para tanto esforço é chegar à compilação da Tabela de avaliação com competência e senso de responsabilidade. E divertindo-se. Poderá replicá-la em um número infinito de cópias e usá-la quando comer fora, em qualquer parte do mundo. E talvez imaginar que, mil quilômetros ao sul de sua mesa, alguém está degustando um cuscuz de lamber os beiços e preenchendo, lápis à mão, a sua Tabela, ou que, a não sei quantos quilômetros a oeste, outro faz a mesma coisa ao terminar seu suntuoso *coq au vin*. Exatamente a mesma Tabela de avaliação que você acabou de preencher, tendo ainda na boca a saborosa intensidade de um *stracotto* de bochecha de vitela ao Barolo.

Preparar-se para a avaliação

Não se espantem com o título deste capítulo. Imagino que a tentação de muitos seja pular esta parte e ir direto para *as sete regras*. Não façam isso, não ia adiantar nada. Primeiro, porque estaria se comportando como aquele leitor que, assim que pega um livro policial, voa para a última página para descobrir quem é o assassino. Existe uma deontologia do leitor, e faço apelo a ela.

O segundo motivo é que *as sete regras* são o final de um percurso, o fruto de um método preciso, que só pode ser plenamente compreendido depois de conhecer suas premissas.

O problema da crítica aplicada à culinária é que pesam sobre ela preconceitos tão arraigados que já se transformaram em lugar-comum.

O mais difuso, infelizmente até entre os profissionais do ramo, é aquele que vimos nas páginas anteriores: nossa abordagem da "matéria", isto é, do mundo dos restaurantes e da comida, baseia-se em dados subjetivos, experiências pessoais, sensações, e sobre essa base é impossível construir uma "teoria" válida para todos. Vem daí o segundo preconceito: como "não é bom aquilo que é bom, mas aquilo que agrada", vale tudo. Não existe nenhuma escola que ensine a julgar um prato, logo, qualquer um tem condições de fazê-lo. Vale a avaliação do meu concunhado e a espinafração na internet, vale um prato malsucedido, uma conta extorsiva, um incompetente que escreve sobre restaurantes.

Diante disso, vejamos porque é tão importante que a experiência seja sustentada por uma teoria.

A base teórica, racional, é aquilo que permite estabelecer regras válidas para todos, independente das sensações subjetivas.

O termo "crítica" deriva do verbo grego κρινω [krino], que significa, além de "julgar", também "separar, dividir, decidir, analisar". O significado mais pertinente para nós neste momento é "separar".

Se quiser expressar um parecer objetivo sobre uma experiência devo tentar separar, distinguir entre a parte subjetiva da experiência e a experiência em si.

Fazer crítica significa distinguir aquilo que é submetido ao gosto pessoal daquilo que é objetivo e, portanto, restringir ao máximo a esfera individual.

Eis um exemplo. Não gosto de *escargots*, embora tenha comido alguns com prazer em certas partes do mundo. Se devo resenhar ou simplesmente dar uma opinião sobre um prato de *escargots* à provençal, preciso restringir ao mínimo minha taxa de não apreciação pessoal e aumentar ao máximo minha capacidade de julgamento imparcial, baseando-me em minha experiência. Para conseguir julgar *esse* prato tive, de fato, de me esforçar para degustar um bom número de pratos à base de *escargots*, estabelecendo uma amostragem de referência — para a famosa "comparação".

É bem verdade que é impossível para qualquer um prescindir completamente de si, da própria história, educação, formação. Se todos os críticos fossem completamente objetivos, todos diriam a mesma coisa, e a crítica gastronômica seria extremamente chata. Digamos então que:

> *O exercício da crítica é um compromisso entre juízo subjetivo e juízo objetivo, entre mim e a realidade.*

Este compromisso se estabelece com a prática da comparação, junto com o estudo, a degustação e certa dose de curiosidade. É difícil dar um parecer sobre comida quando se tem como parâmetro de perfeição os espaguetes preparados pela própria mãe. E voltamos ao nosso imperativo: separar, distinguir.

Claro, o bom crítico gastronômico, mas também o amador, deve esforçar-se, antes de tudo, para limitar a influência daquilo que chamamos de "alimento interior".

Em um simpático ensaio de título *Como falar de um livro sem nunca tê-lo lido* o psicanalista e professor universitário francês Pierre Bayard sustenta que, quando lemos, lidamos não somente com o livro que é objeto da leitura naquele momento, mas também com nosso "livro interior", ou seja, com nossa bagagem. Somos uma mistura de experiências pessoais e de representações míticas e simbólicas próprias de cada cultura, classe e hábitos familiares. Esse, segundo Bayard, é o motivo pelo qual os julgamentos e comentários dos leitores sobre um romance podem ser tão diferentes que nem parecem se referir ao mesmo livro.

Analogamente, cada vez que comemos não lidamos simplesmente com *aquele* alimento, mas, antes de tudo, com o nosso "alimento interior", ou seja, com nossa vivência de comedores alimentados por todas as representações míticas e simbólicas de nossa cultura, classe e hábitos familiares. Este é o motivo pelo qual os julgamentos e comentários posteriores à degustação de um prato podem ser tão diferentes que nem parecem se referir à mesma comida.

Cada vez que comemos, comemos, antes de tudo, o nosso "alimento interior". Comemos as nossas recordações. Isto é humano, não é um erro... desde que não se pretenda fazer uma crítica gastronômica. Neste caso, temos de nos distanciar do "alimento interior".

E como se realiza este exercício de distanciamento do "alimento interior"? Voltamos aos nossos imperativos, aqueles de quem pretende julgar e, portanto, entender a comida: *degustar, estudar, perguntar* e *comparar*.

Para sair desse estreito recinto do nosso "alimento interior" e chegar o mais perto possível da objetividade é fundamental conhecer o restante do mundo, outros povos e outros hábitos alimentares. Existe uma relação estreita entre uma mente aberta na vida e uma mente aberta na comida. A abertura mental à mesa poderia, aliás, ser um ótimo parâmetro de juízo em geral, pois a abertura mental no âmbito da culinária corresponde a uma abertura mental no campo cultural e humano. Você confiaria um projeto que envolve uma equipe formada por diversas etnias a um dirigente que torce o nariz diante de um prato de sushi? Ou a alguém que olha com desconfiança um cozinheiro proveniente de um país diferente do próprio?

Portanto: *degustar, estudar, perguntar* e *comparar*. No capítulo "As tarefas e os exercícios" aprofundaremos estes temas. Antes, porém, precisamos desmontar um preconceito: comida boa, ou não, é questão de gosto.

Bom em todos os sentidos

Tudo passa pelo corpo: quem nos recorda esta lição é o filósofo francês Michel Onfray. Promotor de uma filosofia sensualista, ele chega a sustentar que "O juízo do gosto é ligado aos neurônios, e se eles não forem educados para reconhecer os estímulos desde a juventude, todo um patrimônio de sensações é perdido, no mínimo, por não ser reconhecido. A defesa do gosto transforma-se então em uma luta política". Sinto-me próxima dessa posição e da reavaliação dos sentidos como primeira e determinante abordagem da realidade. Por outro lado, temos o amigo Immanuel Kant que, bom de garfo e de copo, escreveu sobre dietética, mas nunca elaborou uma "Crítica da razão gastronômica". Considerava que os sentidos, como o olfato e o gosto, não eram capazes de proporcionar um conhecimento objetivo.

Um dos argumentos utilizados pelos que defendem a subjetividade da experiência gastronômica — o princípio do "é bom aquilo que agrada" — baseia-se no fato de que a percepção dos sabores depende de três partes do corpo (a língua, a epiglote e a faringe), de que estas partes são diferentes em cada indivíduo e, portanto, o sabor seria subjetivo — e, consequentemente, também o julgamento.

Não se pode negar que as diferenças bioquímicas condicionam nosso paladar. Mas, como expliquei, a tarefa de quem pretende tentar exprimir um juízo é justamente diminuir a taxa de subjetividade. Podemos nos contentar com 80%. E como já havia explicado antes:

A percepção dos sabores constitui apenas uma porção mínima da avaliação total da experiência gastronômica.

Somente parte dos elementos de avaliação se baseia no sentido do gosto. E mais: paradoxalmente, contando com a nossa experiência e também com os outros sentidos, poderíamos até passar sem ele.

Tempos atrás fui chamada para participar como jurada de um concurso para jovens cozinheiros recém-diplomados da escola de hotelaria. Dois dias antes o clássico resfriado privou-me do olfato e quase completamente da percepção dos sabores. Não renunciei, mas, ao contrário, considerei que seria uma ótima ocasião para exercitar e apurar todos os outros sentidos e a consciência do ato de comer. Assim que vi chegarem os *paccheri* gigantes recheados de ricota e cubinhos de berinjela com creme de manjericão, notei pela espessura da massa que tinham passado do ponto de cozimento em pelo menos 1 minuto — e todos sabem que, em cozinha, 1 minuto é uma eternidade. A berinjela estava encharcada de óleo e o creme de manjericão um pouco escuro, ou seja, já oxidado. Em seguida, senti que o cheiro de noz-moscada superava o de qualquer outro ingrediente no recheio dos raviólis de *stracotto* e pensei: "Se eu, que estou com o nariz 'fraco', só sinto o cheiro da noz-moscada, imagine os outros." Toquei levemente um *grissino* e, percebendo sua maravilhosa aspereza, agradeci ao sentido do tato; no final, entre as sobremesas, "peguei" imediatamente um wafer que, em vez de estalar sua crocância partindo-se em dois, curvou-se molemente sobre si mesmo sem emitir um som: sintoma inequívoco de que não estava fresco. Em suma, a dimensão de um grão de arroz, a cor de um peito de pombo, um molho líquido demais no fundo do prato são detalhes utilíssimos. Se aprendemos a manter todos os sentidos em alerta no restaurante, descobrimos que, a bem dizer, o gosto é, entre os sentidos, o menos envolvido na avaliação final.

A visão

Às vezes, quando vejo algo que não vai bem em um prato, perco a vontade de experimentar: a bem dizer, o prato quase "desaparece". Ao contrário do que aconteceu com as outras espécies animais, na história evolutiva do ser humano a visão superou o olfato, que dos cinco sentidos é o menos evoluído. Assim, tanto para a comida, como para muitas outras coisas, o aspecto visual é fundamental. Há quem tenha falado até de *"imprinting* gustativo" por parte da visão, referindo-se à sua influência psicológica na abordagem do alimento. Nossa reação à visão de um alimento está ligada à nossa bagagem vivencial e alimentar. Cor e forma influenciam nossas percepções gustativas e, portanto, nossas escolhas à mesa; a cor de um alimento é o primeiro fator de atração ou repulsa. Funciona tanto como "sinal" do estado físico do alimento — indicando se está maduro, verde, bem conservado, passado, doce, amargo etc. —, quanto como "símbolo" de emoções relacionadas a características físicas: pode causar medo quando "recorda" características negativas, alegria quando remete a características positivas, segundo justamente as expectativas pessoais e socioculturais do sujeito. Por muito tempo, quase tudo que fosse azul, azul-marinho e roxo era visto como suspeito, pois não se parecia com nenhum alimento comestível na natureza; o branco remete a uma percepção agradável, a um sabor delicado, aos alimentos light; o preto, a algo tostado e amargoso, psicologicamente relacionado ao sabor de queimado, defumado; o amarelo e o laranja têm algo de solar, estivo, frisante e áspero e assim por diante. O verde faz pensar em alimentos naturais, saudáveis e dietéticos. A cor vermelha representa a corporeidade, a parte arcaica e animal do ser humano (a carne) e remete à sexualidade e à regulação fisiológica da fome e da saciedade. O alimento vermelho é antidepressivo por excelência; talvez seja por isso que a introdução, embora tardia, do tomate na cozinha (muitas vezes de maneira imprópria) obteve grande sucesso.

A audição

Enquanto comemos, os estímulos auditivos também contribuem para enriquecer as informações sensoriais recebidas pelo cérebro em relação à comida. Os estímulos auditivos internos são percebidos dentro da boca cada vez que nela introduzimos um alimento, juntando-se aos táteis no reconhecimento de sua consistência. Um chocolate que não faz "croc", uma maçã que não "canta" deveriam nos fazer pensar imediatamente. E o que dizer de uma batata frita silenciosa? Os estímulos auditivos externos são igualmente importantes: comer no mais completo silêncio não funciona. Uma série de estudos provou que o comensal não gosta do silêncio absoluto enquanto consome seu prato. Mas tampouco funciona comer no meio do maior estardalhaço; o fundo perfeito é aquele que permite ouvir quando o companheiro de mesa faz uma confidência. Em 2010 a Universidade de Manchester dirigiu uma pesquisa que relacionava a percepção do gosto com a crocância do alimento. Parece que o roncar dos motores interfere no prazer de um prato e talvez seja isso que não motiva as companhias aéreas a melhorar suas propostas. Eis o motivo pelo qual devemos desconfiar de um local onde é difícil ouvir a voz do garçom quando lista os pratos do dia.

O tato

É sempre bom lembrar a importância da *texture*, ou seja, da consistência de um alimento: as sensações de macio, crocante, visguento, gomoso no paladar são importantes indicadores. Assim como enfiar o dedo em um filé que está na frigideira é o mais infalível instrumento de controle do cozimento. Somente através do tato é que conseguimos nos orientar antes de provar: por exemplo, uma massa bem-feita deve ser áspera como uma lixa. A superfície do pão, a textura das toalhas, a temperatura dos pratos quentes... O sentido do tato deve estar ativo até quando estamos sentados à mesa e não apenas quando e se manipulamos o alimento na cozinha.

O olfato

Fala-se de "odor" quando o cheiro é percebido através das fossas nasais, de "aroma" quando é percebido por via retronasal, de "sensação" quando é revelado no nível neural e de "percepção" quando se tem consciência de ter percebido o cheiro. Portanto, se quiserem impressionar até o mais purista de seus companheiros de mesa, lembrem-se de distinguir: odor, aroma, sensação e percepção.

O olfato manifesta-se por duas vias: uma externa, a via nasal direta, e outra retronasal, pela qual o ar da cavidade oral sobe por trás do palato mole. Com a prática, será possível distinguir a percepção imediata dos diversos gostos na língua, desde a olfativa até os vestígios do que foi experimentado atrás do palato, no nível retronasal, conforme dissemos.

Cada um de nós possui dois epitélios olfativos, colocados a cerca de 7 centímetros das narinas, imediatamente abaixo da parede óssea da caixa craniana. Cada um deles mede cerca de 3 a 5 centímetros quadrados e possuem, indicativamente, 10 milhões de células receptoras. A ciência nos diz que nosso nariz pode receber 10 mil aromas, mas só conseguimos distinguir, com esforço, algumas dezenas: um exercício útil é tentar ampliar esse panorama olfativo, aprendendo a farejar e catalogar os diversos aromas e odores. Antes de ingerir o alimento, muitos gourmets dão uma rápida cheirada: amplia o prazer do gosto, antecipando-o.

Boca e nariz estão ligados: os sabores são percebidos na língua e no palato, os odores, através das narinas e das vias retronasais. Gosto e aroma estão, portanto, estreitamente ligados e, às vezes, um reforça o outro, como, por exemplo, no caso do sabor doce e do sabor frutado.

O gosto

Nossa língua é riquíssima em receptores, cada um dos quais é responsável pela recepção de um ou vários sabores. Muitos testes, mesmo escolares, ignoram completamente que os sabores fundamentais não são quatro, mas cinco. O quinto, codificado há mais de dez anos, é o umami. Com nossa habitual presunção etnocêntrica, ignorávamos que metade da população mundial reconhece o umami como sabor primário: pode ser definido como "metálico", muito similar ao que percebemos ao colocar na boca um pedaço de carne malpassado. É o sabor do glutamato monossódico, um componente essencial do "caldo em cubinhos". O gosto umami está presente, por exemplo, no Parmigiano Reggiano, no atum seco e no molho de soja. Dizem até que existe um sexto gosto: o sabor grasso. Os pesquisadores da Washington University School of Medicine teriam identificado papilas gustativas para a gordura, reguladas pelo gene CD36.

Os gostos têm uma função vital importante. O doce assegura as reservas energéticas; o ácido monitora o pH; o amargo ajuda a evitar a ingestão de substâncias tóxicas. Sabemos que o primeiro gosto percebido pelo feto é o doce, e isso acontece já entre a 13ª e a 14ª semana de vida intrauterina. E mais: o recém-nascido reconhece o leite materno pelo gosto, e diversos estudos demonstraram que as mães que se alimentam com alho e cebola durante a gravidez predispõem os lactantes a apreciar os alimentos de adultos.

O amargo merece algumas informações a mais: talvez sejam evidentes para os degustadores profissionais, mas poderão ser muito úteis para quem não o é. A ciência diz que há pessoas mais sensíveis ao amargo (*taster*) e pessoas menos sensíveis (*nontaster*). Podemos imaginar o quanto isso pode influir na avaliação de um prato à base, por exemplo, de alcachofras, ou de um vinho um pouco mais tânico. A sensibilidade ao amargo é mais elevada nas crianças, e vai diminuindo com a idade. Provavelmente, existe alguma coisa no homem primordial que o torna mais sensível aos alimentos amargos, por serem associados aos venenos. A sensibilidade ao amargo é mais marcada nas mulheres, e é uma típica característica genética transmitida de pais para filhos. No mundo, os *nontasters* representam cerca de 3% da população da África Ocidental, mais de 40% dos indianos e 30% dos brancos da América do Norte.

Mas vamos ao salgado. O chef Davide Scabin realizou, em 2008, um estudo sobre a diversidade na percepção do sal em uma comida, na tentativa de construir uma escala de medida: a Escala Scabin. O objetivo, entre outros, era tentar classificar os indivíduos segundo sua sensibilidade ao sal. "O sal interage em 60 a 70% do gosto e os *restaurateurs* devem manter um padrão qualitativo constante: como replicar as receitas sem conhecer a quantidade de sal?", pergunta o chef piemontês biestrelado. Entre outras coisas, ele descobriu que o salgado não depende da quantidade, mas do tempo de exposição: a capacidade de absorção do sal em uma matéria depende não tanto de sua quantidade efetiva, mas do tempo de contato.

Quando supera certos níveis de concentração, a percepção do salgado é aquela que se mostra mais sensível a uma avaliação objetiva. Basta fazer a prova. Já experimentei várias vezes. Prepare um prato de massa e ponha o dobro de sal do que poria normalmente: 80% de seus convidados perceberão o prato como "salgado".

Outro ponto a ter em mente é a diferença entre sabores e sensações. O picante não é um sabor, mas uma sensação. Na realidade, o que percebemos como picante é uma sensação de calor: significa que o nervo trigêmeo foi estimulado. Esse mesmo nervo é provocado, por exemplo, pelo gengibre e pela pimenta-do-reino. O trigêmeo irradia-se pela cabeça, dentes e língua, recolhendo os estímulos que dão a sensação de picante, adstringente, refrescante, quente, acre e metálico. A combinação sinérgica de gosto, olfato e das sensações trigeminais determina aquilo que, no final, chamamos de sabor ou gosto.

A propósito do picante: desconfie de um autodenominado gourmet ou crítico gastronômico que antes mesmo de provar um prato manda trazer o sal e a pimenta. Imediatamente, será visto com suspeita pelo chef, pois o pedido implica em duvidar de sua capacidade de colocar na mesa um prato "acabado". Um excesso de pimenta anula completamente qualquer outro sabor e anestesia as papilas gustativas. Prova disso é que um dos cozinheiros *thai* mais aclamados do mundo, o australiano David Thompson, do *Nahm* de Londres, que conquistou recentemente a estrela Michelin, em sua Pancake com arroz crocante enrolado em ervas frescas e frango, tem sempre uma mão leve em relação aos temperos.

Outras sensações são o frescor, provocado, por exemplo, pelo mentol e seus derivados, e a adstringência. Comendo uma alcachofra, um caqui verde ou, ainda, bebendo uma taça de vinho com muitos taninos, sentiremos a boca seca, áspera e sem salivação.

Resumindo, as informações que vão convergir para a avaliação final de um prato ou alimento são uma mistura de sensações trigeminais, gustativas, olfativas, táteis, visuais e acústicas.

Todas essas sensações recolhidas pelos cinco sentidos são registradas no córtex frontal, que rege o pensamento consciente, e reelaboradas e definidas por um termo internacional: sabor.

Talvez um dia alguém descubra um método para medir de maneira científica a percepção do gosto, para criar uma escala de referência para cada um dos cinco sabores fundamentais. Mas será que é isso o que queremos realmente?

Antes de tornar-se crítico gastronômico...

Nos últimos tempos, percebe-se certa resistência, uma espécie de pudor de declarar-se "crítico gastronômico". Por quê? É um termo antiquado? Corre-se o risco de cometer o pecado da presunção? Ninguém tem coragem de usá-lo porque não se sabe bem como alguém se torna "crítico gastronômico"? Alguns falam que o crítico é aquele que diz que conhece o caminho, mas não sabe dirigir. Dificilmente nos apresentamos como tais, ou melhor, quem costuma se apresentar como crítico é justamente quem não é. Com certeza os mais conhecidos, ou seja, exatamente os que exercem essa profissão, não se apresentam assim. Eu mesma sempre tive forte pudor de definir-me enquanto tal, mas depois pensei que seria um pouco hipócrita negá-lo. E temos então um florescer de nomes extravagantes para novas rubricas e profissões culinárias: o viajante do gosto, o astronauta da gula, o pombo-correio dos restaurantes, o cronista da comida, o *food stylist* dos sabores e todas as expressões inglesas que contêm a palavra *food*.

Há quem assuma e quem não assuma, porém um fator é comum a todos eles: os críticos se levam a sério demais. Mas talvez este seja um problema de todo o gênero humano. Oscar Wilde tinha razão quando disse que "a humanidade se leva demasiado a sério. É o pecado original do mundo. Se o homem das cavernas soubesse rir, a história teria seguido outro curso". Em uma conferência, diante de uma plateia de jornalistas, colegas e donos de restaurantes, o chef napolitano Gennarino Esposito sugeriu um saudável "Precisamos colocar os pés no chão. Nós, cozinheiros, não realizamos cirurgias de peito aberto, simplesmente cozinhamos para suscitar emoções". Seria de bom alvitre adaptar sua sugestão também aos críticos.

Todos que tentam explicar porque amam seu trabalho, fazem um esforço para encontrar mil motivações: o marceneiro dirá que molda e dá forma à madeira; o professor, que faz isso com as mentes; o político, com a sociedade; o taxista dirá que ouve mil histórias de vida; o cozinheiro, que canaliza a própria agressividade para a preparação de alimentos etc. O crítico profissional, em qualquer âmbito que opere, não precisa explicar as implicações ocultas e agradáveis de sua profissão, simplesmente porque são evidentes a todos. Será porque comer é uma necessidade primária ou porque grande parte da humanidade seria capaz de falsificar seus documentos para poder comer por trabalho? Poucos admitem isso, ao contrário, inventam respostas do tipo "Adoro ir ao restaurante; aprendi com minha mãe quando era pequena" ou "Queria salvar todas as espécies de hortaliças e peixes em vias de extinção" ou, ainda, "Faço isso para oferecer um serviço aos pobres leitores e clientes que são vítimas de cozinheiros e donos de restaurante loucos e pouco confiáveis". A verdade, aquela que — precisamos aceitá-la — nos une, é, certamente, que amamos esse trabalho, porque ele é interessante e baseia-se na busca do prazer, mas também porque, ao fazê-lo, exercemos um poder e gozamos de privilégios. Em seu *Êxtase culinário* a escritora Muriel Barbery faz Arthens, que se intitula "o maior crítico gastronômico do mundo", dizer: "Quando tomava posse da mesa, fazia isso como um monarca. Quem nunca sentiu o perfume inebriante do poder não pode imaginar a carga de adrenalina que irradia pelo corpo, da cabeça aos pés... o êxtase da ilimitada potência de quem já não precisa mais lutar, mas apenas desfrutar daquilo que conquistou, gozando infinitamente a embriaguez de incutir medo."

O poder do colunista de culinária

Posso escrever e contar como comi no seu restaurante e, portanto, exerço um poder sobre o seu trabalho e seu faturamento, e ponto final. O poder do especialista é diretamente proporcional à sua fama. Não somente no campo da culinária, o poder origina uma forma de dependência: quem não sabe, depende de quem sabe, de quem detém o conhecimento.

Desde que a humanidade existe, entre aqueles que adquiriram uma forma qualquer de sapiência, há os que a compartilham com generosidade e os que a mantêm cuidadosamente oculta. Partilhar o conhecimento comporta a diluição do poder. Isso vale nos campos da medicina, da psicanálise, da religião... Poucas pessoas detêm as rédeas do saber. Quem não conhece, quem não sabe, depende e se submete.

No campo da culinária e do saber gastronômico, porém, são poucos os segredos a revelar, pois o caminho para o conhecimento da comida só passa pela experiência, deve passar por nossas papilas, pupilas, narizes e dedos. É um saber que só pode ser adquirido na prática.

As bases da crítica gastronômica nunca foram codificadas. Por isso, muitas vezes, o poder do crítico gastronômico parece arbitrário, sua avaliação, sem fundamento. Em que terreno se baseia sua competência? Que estágios teve de fazer para tornar-se o que é? Os críticos que escrevem nos jornais de maior tiragem são considerados os melhores: pena que nem sempre o sejam. O advento da internet contribuiu, aliás, para turvar ainda mais as águas quando o assunto é "quem pode dizer o quê" a respeito de comida e restaurantes.

Divulgar as regras para reconhecer a boa cozinha, ampliar o saber sobre a comida, significa, por um lado, diluir o poder discutível daqueles que "exercem" a crítica de maneira arbitrária e sem competência, e, por outro, restituir à crítica gastronômica a sua dignidade. "Poder" deixaria de significar manipulação, controle, sujeição e submissão, "poder sobre", para significar "poder de", no sentido de ter a autoridade, ter a capacidade. Vamos reinterpretar e reprogramar a ideia de poder em um sentido positivo. Se utilizo minha coluna em uma publicação importante para obter privilégios, exercer controle e manipular a realidade em meu próprio proveito, não serei um bom crítico. Mas se utilizo minha autoridade e minha voz para travar pequenas batalhas, divulgar talentos ainda desconhecidos, sustentar boas cruzadas a favor do Belo e do Bom, proteger uma categoria, salvar um cultivo ou uma vinha em decadência, e se, enquanto faço isso, também me divirto um pouco, então, posso me considerar um crítico digno deste nome.

Um bom crítico exerce o "poder de", não o "poder sobre"

Meu sonho é redefinir as incumbências daqueles que escrevem a respeito de comida, exortá-los a um senso de responsabilidade e respeito em relação a cozinheiros e comensais. Um bom especialista do ramo deverá, com a maior honestidade possível, narrar experiências gastronômicas, descobrir novos chefs e novos restaurantes, divulgar notícias interessantes, ajudar quem merece a enfrentar as dificuldades, servir de embaixador — e não de vítima — de sua própria cozinha no mundo, promover as lutas de quem produz coisas boas, entre mil obstáculos, apoiar quem tem um sonho e se empenha para realizá-lo, quem tenta salvar produtos que estão desaparecendo porque não refletem os cânones da comerciabilidade. Um bom escritor de culinária defende os comensais, os clientes, os compradores, os fregueses, e muda de ideia quando as circunstâncias o exigem; um bom escritor de culinária faz o que deve fazer um escritor *tout court*: sacudir as consciências e fazer pensar.

Um crítico sabe cozinhar?

Uma das questões mais antigas sobre quem escreve sobre comida é: "Um verdadeiro crítico gastronômico deve necessariamente saber cozinhar?"

Minhas ideias a respeito são bem claras: a meu ver, sim. É uma condição *sine qua non*.

E não digo isso porque tive a sorte de ter Claudio Sadler como professor, mas porque considero que um toque de técnica e de contato com as matérias-primas seja indispensável para transformar um comentário em uma crítica construtiva. Ter sujado as mãos para escamar um robalo ou abrir uma massa folhada é um campo de treino muito útil para quem, amanhã, vai estar do outro lado. Não é necessário ser um mestre na cozinha, mas, na minha opinião, antes de dar um parecer, devemos todos ter preparado um bom número de jantares e almoços. É sempre útil saber como funciona a alquimia da cozinha, mas só quem viveu a experiência de fazer um jantar em casa para pelo menos oito pessoas pode ter uma ideia — embora ainda esteja bem longe — do que um cozinheiro faz em um restaurante. Significa pensar em um orçamento, comprar os ingredientes, escolher o que é adequado para aquele prato nas doses certas, limpar e preparar o alimento para o cozimento, cozinhar e servir. Em seguida, preparar a mesa, pensar no vinho e, enfim, receber. Tudo isso exige dotes organizadores e uma perfeita gestão do tempo.

Ter frequentado o curso de culinária de um chef renomado fez com que, em minha carreira, não houvesse um cozinheiro que não aceitasse e compreendesse minhas críticas. Pelas observações que faz, um cozinheiro percebe no ato quem é o interlocutor, intui o que ele quer dizer e descobre se ele conhece as coordenadas da cozinha.

Para ter o respeito dos cozinheiros — e de todos os demais — é necessário justificar as próprias observações; um crítico gastronômico deve sempre expor as qualidades e defeitos de um prato. Dele espera-se muito mais do que um "gostei" ou "não gostei".

Muitos anos atrás, no início da minha carreira, por ocasião de um Vinitaly, Salão Internacional do Vinho e dos Destilados, fui a um pequeno restaurante em Verona com uma amiga. Estava lá por prazer e não a trabalho: mas quem consegue distinguir as duas coisas quando está sentado à mesa? No final do jantar, o patrão percebeu nossas expressões decepcionadas e, aproximando-se, soltou um "Tudo bem?". Eu ainda estava começando e, mesmo tendo as ideias claras, ainda sentia certa dificuldade de dizer a verdade diante de um prato deixado pela metade. Duas escolhas possíveis: responder como me acontece ainda hoje (por preguiça): "Sim, obrigada. Estou sem fome." Ou responder exatamente como fiz naquela noite: "Quer a verdade ou prefere que lhe diga aquilo que gostaria de ouvir?" Ele respondeu, surpreso e se divertindo: "A verdade, nada mais que a verdade." Respirei fundo e ataquei: "Um: a salada de galinha não estava mal, mas não estava desfiada de maneira uniforme e o cozinheiro exagerou no vinagre balsâmico. Dois: o risoto tinha um excesso de acidez, ou seja, o vinho não evaporou o suficiente e o cozimento passou uns 2 minutos. Depois de amanteigado, o tempo de repouso não foi suficiente e não dá para perceber qual gordura foi usada. Três: a gramatura do contrafilé, pois é disso que se tratava e não de 'filé' como estava no cardápio, era absolutamente inferior às expectativas e à decência, embora tenham tentado disfarçar a quantidade miserável de carne no prato com um monte de salada preconfeccionada e batatas cozidas no forno pelo menos umas 8 horas antes. O sangue no prato mostra que a carne, provavelmente retirada da geladeira no último momento, não chegou à temperatura ambiente. O quarto e último ponto: esta autodenominada *panna cota* não viu nem o cheiro do creme de leite fresco. E, para terminar, a garrafa de Valpolicella Superiore que pedimos não foi aberta na mesa, mas trazida já aberta. Devo continuar?"

O patrão, com os olhos e a boca cada vez mais abertos, à medida que eu desenrolava minha lista, abriu um sorriso e disse: "Venha, vamos à cozinha. Quero lhe apresentar o cozinheiro."

Foi então que decidi que aquele seria o meu trabalho. Entendi que, no fundo, a verdadeira atitude de um crítico gastronômico, além de reconhecer o que é bom e o talento, consiste em refazer constantemente as perguntas: "O que não vai bem nesse prato? O que não funciona neste local? O que, ao contrário, merece ser divulgado?"

O que chefs e donos de restaurante pensam da crítica

Para muitos leitores os guias são sagrados e incontestáveis. Meu conselho é verificar o que dizem com uma visita pessoal. Para os donos de restaurantes, eles são objeto de ódio e amor. Representam a catapulta para o sucesso e o mais desejado reconhecimento da carreira. Para um chef, a terceira estrela é como um Oscar para um ator.

Uma estrela Michelin certamente não vale uma vida. A história do grande chef Loiseau, que se suicidou por temor de ter "perdido" sua terceira estrela, estarreceu o mundo. O guia vermelho tem grande poder de condicionamento — na França mais que em qualquer outro país —, mas quem conhecia Loiseau sabe que isso foi apenas um fator desencadeante que encontrou abrigo em uma personalidade muito frágil.

No entanto, um cozinheiro não pode se furtar ao julgamento, assim como qualquer titular de um exercício público. Apesar disso, grandes chefs escreveram aos guias pedindo para não serem "julgados".

"São 33 anos sob exame, agora basta", explicava o chef da Cassinetta di Lugagnano, Ezio Santin, cinco anos atrás, mas Gualtiero Marchesi também anunciou "não estar interessado" em figurar nos guias gastronômicos italianos. Tomando como ponto de partida o fato de que considero Gualtiero Marchesi uma figura fundamental da história da gastronomia e dos restaurantes italianos, penso que não se pode impedir o julgamento. No máximo, pode-se ignorar o juízo, resolver desconsiderar qualquer reconhecimento por parte dos guias, mas furtar-se é impossível.

Um almoço é servido ao público exatamente como um filme, um programa de televisão, um romance ou um quadro.

Seria como se o diretor, o autor, o escritor ou o artista ordenassem justamente a quem exerce o ofício da crítica que não escrevesse sobre eles e suas criações. Não é possível em nenhum outro âmbito cultural. "As obras públicas de personagens públicos estão, naturalmente, indiscutivelmente sujeitas ao julgamento independente dos críticos", escreveu justamente Valerio Massimo Visintin, que tem um blog e escreve para a edição milanesa do *Corriere della Sera*.

Mas também é verdade que, se um crítico cinematográfico ou literário reprova meu filme ou meu livro, tenho como me recuperar, pois sei que o público pode testar meu produto, vendo o trailer ou lendo um trecho do livro, e fazer sua avaliação pessoal.

Não é assim que funciona em gastronomia. O crítico publica sua avaliação e ela se torna oficial durante um ano inteiro. Deriva daí maior responsabilidade de quem escreve sobre culinária.

Proponho, para esses casos, uma alternativa: uma seção à parte nos guias especialmente para os cozinheiros "históricos", sem estrelas nem notas.

Um bom crítico gastronômico controla tudo

Os guias gastronômicos não devem ser encarados como Evangelhos, mas vistos como quaisquer outros indicadores; além do mais, cada um deve julgar com o próprio paladar. A bem dizer, não lamento os tempos em que trabalhava para o guia do *Espresso*: hoje conheço bem o empenho que a profissão de cozinheiro exige e creio que é realmente reducionista resumi-la em uma nota e em um texto de 300 caracteres. Mas essa é a lógica dos guias, e sob muitos aspectos aquela experiência foi muito útil.

Um grande prazer dos detratores dos guias e da crítica gastronômica, em geral, é desmascarar os inspetores, os críticos e os órgãos que os publicam, denunciando resenhas de restaurantes que não existem — aconteceu há pouco no TripAdvisor —, locais fechados há tempos — mas que apareceram no Michelin —, endereços errados e equívocos de todo tipo.

Se muitas vezes eles são desinformados e pouco precisos, é porque construir um bom guia gastronômico tem custos muito elevados. Além do justo pagamento da resenha, deveria ser obrigatório dotar o jornalista do necessário para pagar pelo menos a própria conta, o que raramente acontece.

Muito pelo contrário, é bastante difundida a ideia de que, para figurar em um guia, o restaurante deve desembolsar algum dinheiro. Pode ser que eu seja uma ingênua incurável, mas a mim nunca ofereceram um tostão em troca de uma crítica, e creio que isso também não acontece nos níveis de direção editorial. É mais fácil que um bom restaurante não tenha a sorte de ser visitado por algum inspetor: nesse caso, é útil escrever uma carta à direção. Em geral, eles se mostram muito atentos às indicações de clientes e proprietários.

O primeiro mandamento de todo verdadeiro jornalista e, mais especificamente, de todo crítico de qualquer tipo é "Não escrever jamais sobre algo que não viveu pessoalmente". Viveu no sentido de viu, ouviu ou degustou. É uma regra muito simples, mas muito desrespeitada, posso garantir. Portanto, é preciso controlar cada informação. No campo da gastronomia e dos restaurantes, que por definição — ainda bem — está em contínua evolução, o controle das informações é fundamental. Os cozinheiros se apaixonam, fogem, mudam de religião, cozinha e namorada como quem troca de penteado. São quase todos egocêntricos, venais, presunçosos, levemente paranoicos, arrivistas e infantis. Mas é uma categoria que não canso de admirar. Portanto, quem não quiser dar vexame precisa verificar todos os detalhes. Por exemplo, um dos pontos com o qual todos os cozinheiros gostam de abrilhantar seus Curriculum Vitae é ter trabalhado com um "mestre". Na Itália, o berçário "certo" é o de Gualtiero Marchesi ou Carlo Cracco; na França, de Ducasse; no Reino Unido, de Heston Blumenthal ou Gordon Ramsay; nos Estados Unidos, de Thomas Keller; e na Espanha, de Juan Mari e Elena Arzak. Verificar a veracidade da informação nem sempre é fácil, pois basta um estágio de seis meses na brigada dos descascadores de batatas para que um jovem cozinheiro se sinta autorizado a se vangloriar de um aprendizado estelar.

Incógnito ou não?

Quando trabalhava para o guia do *Espresso*, as indicações da das pela direção eram claras: comer, pagar a conta e só depois, eventualmente, apresentar-se para fazer alguma pergunta; ou então pagar a conta, voltar à redação e pedir as informações adicionais pelo telefone.

Para início de conversa, é óbvio que quem paga a conta fica mais livre para escrever o que quiser. O problema é que dificilmente os jornais italianos cobrem as despesas e pagam decentemente pela crítica; é inevitável, portanto, aceitar alguns convites ou apresentar-se aos donos dos restaurantes. *In medio stat virtus*: você pode aceitar um convite, conhecer o chef, aprofundar pessoalmente a história de um prato, mas, em outras ocasiões, permanecer incógnito. Cada resenha crítica tem a sua história. Quem é inspetor de um guia deve respeitar o anonimato; nos outros casos, há que respeitar o bom senso.

O mais extremado defensor do "mascaramento" na Itália é Valerio Massimo Visintin. Há anos que ninguém o vê de cara limpa; no lançamento de seus livros, sempre aparece de óculos escuros, gorro de ski, chapéu e luvas, tudo preto. Escolha extrema. "Se fosse conhecido", escreve em *Osti sull'orlo de una crisi di nervi* [Anfitriões à beira de um ataque de nervos], "ficaria sempre na dúvida de ter recebido um tratamento de favor."

No extremo oposto estão os que só escrevem depois da certeza de que não vão desembolsar um tostão e, não raro, escolhem um leque de restaurantes onde, em troca de críticas entusiásticas, festejam os anos de casamento, os aniversários da família e a crisma das meninas. O chefe dessa panelinha, ao contrário do anterior, não gostaria nem um pouco de ser nomeado.

Pessoalmente, tento manter uma posição intermediária, mas estou convencida de que declarar a própria identidade não transforma um asno em um bom cozinheiro ou vice-versa. Não tenho vontade de abraçar a escravidão do completo anonimato. Ser esperado em um restaurante — talvez depois de ter estado lá incógnito — pode garantir uma boa mesa, o camarão mais robusto, o morango mais maduro e um descontinho no final, mas nada além disso. É preciso muito mais para esconder a falta de talento.

Um bom crítico gastronômico é um apaixonado

Parece banal, mas quem ama o mundo dos restaurantes e escreve sobre culinária deveria externar sua paixão pela boa mesa. Ninguém é obrigado a ir ao restaurante por profissão: ou se trata de vocação ou é algum tipo de interesse.

Durante anos perguntei a mim mesma porque as colunas de certos críticos gastronômicos nunca conseguiram me convencer. Eram corretas, evidentemente, ricas de informações sobre o serviço, sem erros de ortografia, diligentemente redigidas, porém nada mais.

Mais tarde entendi: na verdade, a leitura não deixava transparecer nenhuma participação verdadeira naquilo que estavam fazendo, nenhum entusiasmo por uma profissão invejável: comer por profissão, fazer perguntas, descobrir histórias de vidas e sabores novos. Mas é preciso, ao contrário, um pouco de loucura, uma pitada de saudável prazer pela comida e também um pouco de predisposição para o excesso. Desconfio um pouco dos blogueiros gastronômicos e críticos que não exibem pelo menos um leve sobrepeso.

O jornalista americano A. J. Liebling diz que o principal requisito para escrever bem sobre gastronomia é ter um bom apetite. "Sem isso", acrescenta ele, "seria impossível, no tempo que temos, acumular experiência culinária suficiente para ter alguma coisa que valha a pena escrever." Verdade.

Em suma, se você deseja fazer da comida o núcleo central da sua vida, expresse um pouco de alegria, deixe transparecer que gosta da coisa; sem isso, você será imediatamente desmascarado. Os amigos e os interlocutores vão perceber que sua assinatura está lá, mas sem coração nem sofrimento. Que em certa altura resolveu se reciclar, que sua ocupação era o motociclismo ou o teatro em prosa e, de repente, resolveu escrever sobre restaurantes, por medo de que seu verdadeiro campo de interesse estivesse desaparecendo da mídia impressa. De início, seu chefe de redação ergueu a sobrancelha, mas, depois, devido à crise, acabou concordando: "Está bem, vamos otimizar. Já que está aí, pode trazer umas 20 linhas sobre o almoço, mas que não supere o preço do reembolso." Quando se lê um artigo sobre um restaurante escrito de modo constrangedor, dá para ver o quanto a constatação "comida está na moda" atraiu potenciais desempregados para o universo gastronômico. E você também, que estava cheio do escritório e resolveu criar um blog, *A alcachofra gulosa*, e, depois, milagrosamente, conseguiu escrever sobre vinhos no jornal de sua cidade... pode entrar, acomode-se no recinto da enogastronomia: tem lugar para todos. O importante é misturar um pouco de humildade com bom senso. Ainda não dá para viver, mas só o prazer de ser convidado para algumas degustações nas adegas e restaurantes dos arredores, tudo de graça, já paga o esforço. O importante é que não comece a se considerar um "especialista" só porque seus convidados ficam em êxtase com sua receita secreta de *rigatoni alla Norma* ou com sua experiência culinária construída indo ao restaurante pelo menos duas vezes por mês ou porque frequentou o curso de *sommelier* para principiantes de sua prima e passou com louvor. Primeiro deguste, estude, pergunte e compare: depois será muito bem-vindo.

Se conseguir, prepare-se: o *lobby* de quem trabalha com comida, este mundo no qual eu também atuo, é um ambientezinho no qual a perfídia reina soberana. Nós, críticos, temos um Ego desproporcionado, perto dele o personagem de Ratatouille que tem esse nome é a humildade em pessoa. Não se deixe desencorajar pelas críticas e lembre-se: quanto mais feroz é a crítica, maior é o medo que o colega tem de você. É assim que funciona.

Expor-se

Criticar um restaurante não significa copiar o cardápio, mas expor-se. Qualquer um é capaz de escrever a crônica de um almoço. Ser cronista significa contar os fatos, e os textos publicados nos cotidianos sobre comida e restaurantes são, em sua maioria, crônicas: contam o que aconteceu. Perfeito, útil, interessante. Mas não se pode falar de crítica. Assim como criticar um livro não significa resumir seu enredo.

A maior parte dos artigos que dizem respeito à cultura culinária e aos restaurantes não é crítica gastronômica, mas informações a respeito do mundo alimentar, curiosidades para o consumidor, promoção de um produto, de um estabelecimento, de um artesão da alimentação. Quando bem-feitos, são úteis, mas para que se transformem em crítica gastronômica devem conter uma argumentação, uma opinião pessoal, expressar um ponto de vista, oferecer ao leitor um ponto de partida para a reflexão e, quem sabe, propor uma possível solução. Exercer a crítica significa comentar com competência toda a experiência gastronômica, tomando uma posição ou pelo menos sugerindo uma ideia.

Uma das lições que aprendi com Enzo Vizzari, diretor do guia gastronômico do *Espresso*, quando fui recrutada como inspetora, foi: "Não quero ver mais de três pratos citados em uma mesma ficha. Do contrário, vira uma espécie de lista telefônica."

Tinha razão. Ainda mais hoje, quando podemos acessar o cardápio pela internet. Resenhar significa levar o leitor para a mesa com você, transmitir o que ele não saberia captar em um prato ou em um vinho. Não embromar, mas guiá-lo com a própria experiência. Um amador pode se limitar a contar seu jantar recordando pura e simplesmente o que comeu, descrevendo o ambiente e o serviço: este é o primeiro passo. Mas quem ambiciona um pouco mais, se quer mesmo transformar a paixão em profissão, não pode se contentar com a descrição, nem na qualidade de leitor, nem na de colunista: deve mirar — ou exprimir — um pensamento a respeito da experiência culinária. Exercer a faculdade de juízo exige competência e habilidade, experiência, inteligência e, não menos, coragem. O juízo pode estar escondido nas entrelinhas, edulcorado, nítido ou velado, mas deve ser sempre expresso.

Os lados negativos e positivos devem ficar claros para os leitores; quem pretende ser crítico deve ter a coragem de expor-se. Pouquíssimas pessoas exercem a profissão de crítico gastronômico, embora uma multidão escreva sobre comida e restaurantes. Edoardo Raspelli talvez tenha sido o primeiro na Itália a contar como era tratado no restaurante ou no hotel, e em sua longa carreira colecionou dezenas de processos por sua coerência, sua obstinação em dizer sempre a verdade. Que conste que sempre foi absolvido, graças ao fato de que, mesmo no meio de uma espinafração, conseguia apontar também os aspectos positivos.

Depois de ter lido uma coluna ou resenha, o leitor deve ser capaz de responder com certeza às seguintes perguntas: "O autor do artigo gostou do lugar visitado? Seu texto despertou vontade de ir ou de evitar o restaurante analisado?" Deve saber claramente o que sentia ao sair do estabelecimento, compreender que o autor vai a campo no lugar do leitor para defendê-lo, surpreendê-lo, avisá-lo, despertar sua curiosidade. Um bom crítico não escreve (somente) para os donos de restaurante e chefs, mas para os leitores. Está a serviço dos leitores, não dos cozinheiros.

Saber escrever

Para terminar, um verdadeiro crítico sabe envolver o leitor em uma viagem, ainda que de poucas linhas, levá-lo para jantar como se estivesse ao seu lado, na alegria e na tristeza. Envolver o leitor em uma viagem por meio do texto, fazê-lo pensar e se divertir? Não é esse o objetivo da literatura? Exatamente. Vamos concluir a parte dedicada ao retrato do verdadeiro crítico com uma última condição *sine qua non*: o crítico deve saber escrever, ser (quase) um escritor. De que adianta alguém que é capaz de reconhecer o Bom mas não sabe transmitir isso?

Não escrever com intenção de ficar rico

Entre as coisas que é melhor evitar para defender a própria credibilidade, muitos mencionam a amizade com cozinheiros e donos de restaurantes. É verdade, mas, de todo modo, isso me parece mais honesto do que uma prática muito comum entre os críticos gastronômicos: responsabilizar-se pela comunicação e assessoria de imprensa de estabelecimentos, chefs e produtores.

Se não é adequado que o crítico gastronômico seja "amigo" de cozinheiros e donos de restaurantes em geral, escolher alguns poucos chefs e conviver com eles é certamente uma grande vantagem: creio que aprendi mais em dez jantares com os cozinheiros do que em cem com os "especialistas do ramo".

Mas permanece o fato de que aceitar um emprego de assessor de imprensa é perigoso para um jornalista: já é muito difícil exprimir uma avaliação objetiva, imaginem escrever sobre um restaurante que no fim do mês nos paga um salário para que a imprensa fale (bem) dele. Quem pretende ser um bom crítico gastronômico em geral não fica rico, e deveria, aliás, investir sua poupança em visitar um par de novos restaurantes estrelados por mês, além das visitas regulares àqueles de sua área. Acrescente-se mais algumas viagens de estudos ao exterior para aprofundar os conhecimentos sobre a cozinha dos outros... Em suma, um desastre do ponto de vista financeiro e, temos de reconhecer, também da saúde.

Ainda deseja se tornar crítico gastronômico? Muito bem Vamos ver como se escreve uma resenha crítica.

A resenha perfeita

Talvez não exista uma resenha crítica perfeita, mas, a meu ver, ela deveria se aproximar das características que acabei de descrever. Resumindo:

- prestar um serviço ao leitor e não ao cozinheiro ou ao produtor;
- não se limitar à crônica ou à descrição de uma série de pratos;
- deixar claro o julgamento do autor ou, pelo menos, estimular uma reflexão;
- produzir um texto cativante.

Em seguida, vem o *quid*, o ingrediente especial. O toque que, como para a escrita em geral, ninguém pode ensinar. Aquilo que o escritor e o cozinheiro guardam em segredo.

Como exemplo poderia "pescar" algumas resenhas da internet, mas resolvi escrevê-las eu mesma. Para as mal-escritas, não tive problemas: já cometi esses erros no passado e ainda hoje. Já com os exemplos positivos, diverti-me exacerbando os conceitos.

Um verdadeiro flagelo dos aspirantes a crítico são as frases feitas e as expressões usadas e abusadas, obsoletas e inflacionadas.

NÃO. *Luca especializou-se na cozinha de território e dedica-se constantemente à pesquisa, à excelência gastronômica e ao cuidado maníaco com a matéria-prima de qualidade, de preferência das redondezas de seu local. Cozinha tradicional com um toque de criatividade. Giovanna, sua mulher, cuida da sala e do bar e, sempre sorridente, serve ótimas lasanhas, um perfumado assado de vitela com batatas e ótimos doces feitos em casa toda manhã. A charcuteria é da região e a adega é rica em rótulos italianos, mas não só. Boa relação qualidade/preço: 20 euros, vinhos à parte.*

SIM. *Luca não precisa ir às compras. Os ovos para a massa de suas estonteantes lasanhas chegam da granja a dois passos de seu restaurante, à beira do rio. Os mesmos ovos, misturados com arte, transformam-se em tortinhas que cheiram a manteiga e baunilha, servidas ainda crocantes: são feitas à noite para que Giovanna possa oferecê-las de manhã, toda sorridente, ao primeiro e sonolento cliente em busca de algo além do café quentinho. O assado espalha um perfume de alecrim e de almoço de domingo. Por 20 euros você levará para casa a memória de dois pratos inesquecíveis, bebidas à parte.*

Faltava o quê? Faltava um mínimo de capacidade de escrita. Para escrever sobre comida é preciso ser um pouco escritor. De que serve reconhecer que uma coisa é boa e bem-feita, que um cozinheiro tem talento, que um determinado prato passará à história — todas fases preliminares e necessárias da resenha — se não souber narrar essas experiências?

O mesmo vale para os outros campos. De que serve saber reconhecer um grande filme, uma obra de arte ou de literatura que entrará para antologias e museus, se não soubermos comunicar essa descoberta aos outros? E de que meios dispomos para transmitir essa mensagem de modo que permaneça e possa ser compartilhada, senão da escrita? Talvez o campo da culinária seja o único em que as pessoas se "metem" a escrever sem muitos escrúpulos, com negligência e sem o devido cuidado.

Temperar com poucos adjetivos. Esta indicação também parece retirada de um curso de escrita criativa, mas é isso mesmo. Os adjetivos abundam em culinária e, além do mais, são sempre os mesmos.

NÃO. *O ótimo chef Giovanni cozinha desde o tempo em que era um tímido rapazola do interior. Suas lasanhas perfumadas são iguais às que fazia sua doce avó Annunziata, e seu denso ragu de carne é idêntico ao que saboreamos na farta província bolonhesa. O branco do bechamel casa com o vermelho do ragu e com o Parmigiano e juntos transformam as deliciosas lasanhas em uma explosão de sabores suaves até o paladar mais exigente.*

Focalizar, sobretudo, nos verbos e na pontuação. Já dizia Raymond Carver que existe sempre um único verbo, um só, para exprimir exatamente cada ação no mundo: a tarefa do escritor é encontrá-lo. Os advérbios e adjetivos, ao contrário, devem ser usados com parcimônia.

SIM. *A magia das lasanhas está toda na consistência. E o chef Gaspare sabe disso. Cada segundo a mais no forno ou fora dele modifica sua resistência à faca e ao palato: nem demais, para não ressecar, nem pouco, para que alcance o ponto certo de densidade. Elas também mudam a cada instante, quando as deixamos na mesa para esfriar: o gênio consiste em cortá-las no momento exato em que se unem ao ragu em um abraço silencioso. Não devem escorrer pela travessa como uma onda na praia, tampouco encolher como uma esponja ressequida. A temperatura é tudo. A perfeição das lasanhas é quando o ragu avança na travessa no ritmo da lava quando desce a encosta do vulcão.*

Sem contar aqueles que, em vez de falar de restaurantes, usam as resenhas para acertar velhas contas: com os ex-colegas de escola, com os colegas mais bem-sucedidos, com a ex-mulher e com os credores. Rancorosos e existencialmente ácidos, usam o pequeno poder de que dispõem para a vingança. No restaurante e na vida.

Giovanni Rosssi poderia ganhar pontos na cozinha, mas de nada serviu frequentar a Hotelaria: continua a ser o complexado rapazinho do interior que era nos anos 1970. Ninguém queria sua companhia, e depois de ser reprovado três vezes e de tentar e abandonar inúmeras profissões, decidiu-se pelo ofício de cozinheiro. Seu restaurante não tem alma, nem identidade. Assim como o seu molho de tomates. O stracotto de carne de jumento foi requentado tantas vezes antes de chegar à mesa que só sobrou o gosto dos cubinhos de caldo.

Crueldades supérfluas. E há também os que na verdade gostariam de ser apenas poetas malditos ou escritores de romances policiais ou de literatura "cor-de-rosa" e esquecem que naquele momento devem tratar de coisas frívolas (na opinião deles) como a comida. Esquecem que uma das primeiras obrigações de quem escreve é ser inteligível. Temem que seu talento incompreendido não salte imediatamente aos olhos do leitor e, portanto, floreiam o texto com semelhanças improváveis e virtuosismos gratuitos, certos de que estão abrindo caminho para um novo best-seller ou uma coleção de poesia. Como este, que finge dialogar com um prato de cuscuz:

Cuscuz, exantema do mundo asiático, grânulo de cosmos, chuva de injustiça social! Encontrei-te em um prato na oprimente selva milanesa. E apreciei-te, cuscuz. Vejo em ti terras infindas, mulheres dobradas sobre o solo, vejo as especiarias que teus ancestrais negros trouxeram, atravessando os oceanos. Vem, viajante, senta-te à minha mesa e compartilha comigo este passadio e este prato dos deuses negros.

O caso a seguir é um exemplo de um crítico que não pagou a conta e é amigo (demais) do chef. Quanto ao resto, é escrita discretamente, mas contém outro errinho: vejam se adivinham. Os nomes dos locais são, obviamente, inventados.

Minha vida nunca mais será a mesma depois de ter comido no Parroty, e creio que a partir de hoje será um bom motivo para outras fugas parisinas. Que delícia o triunfo de crudités do mar como entrada! Não há técnica da culinária em uma travessa de cristal cheia de gelo, onde jaziam como pedras preciosas pedaços de salmão, vieiras, ostras e camarões? Talvez, mas onde colocar a perícia do nosso chef para encontrar essas joias? Nunca senti tanta pregnância de mar e maresia em toda a minha vida. E os estrelados cá e lá pelo mundo afora enchem de marcas a cabeceira de meu leito e são minhas verdadeiras conquistas. Nunca fui abandonado por nenhuma dessas estrelas, como o fui pelas belas damas.

Além de bajuladora demais é também um pouco autorreferente. Um verdadeiro crítico raramente digitará a palavra EU.

Quando o crítico paga uma conta exagerada e não recebe a devida atenção. Mas escreve bem.

Talvez o Lomboory tenha sido um grande restaurante dez anos atrás, mas o cozinheiro não soube evoluir. Ambos aparentam todos os cinquenta anos que têm. Não se pode viver das glórias dos tempos passados, e quem se dedica à cozinha do passado deve fazê-lo "comme il faut". Uma salada Ceasar deve ser preparada diante do cliente e não lançada por um garçom distraído, como se fosse um frisbee. E aquele pedaço de carne esturricado nada tinha de um filé à Rossini (a 40 dólares), e também não se via nem sombra de trufas. A não ser que deem o nome da nobre túbera àquele fantasma de aroma, primo paupérrimo da trufa branca de Alba. E os ridículos enfeites com salsinha seriam obsoletos até para um comensal nonagenário no mais longínquo subúrbio do hemisfério boreal.

Sobre um restaurante, sobretudo uma *trattoria*, é fundamental indicar como chegar lá: muitas vezes a viagem é um prelúdio fundamental. Se é difícil, transforma-se em uma espécie de iniciação para alcançar a meta culinária. Nos últimos anos, resenhei muitas *trattorias* para o *Corriere della Sera*, entre as quais a famosa *La Crepa di Isola Dovarese*, na província de Cremona. Relida agora, a resenha não me pareceu ruim. Vamos ver.

A estrada se abre de repente e o carro desemboca em uma grande praça retangular, a Piazza Matteotti, uma das mais belas da Itália Menor. Quem chega ao crepúsculo na meia-tinta das brumas outonais, quando La Crepa dá o melhor de si, fica espantado com a ausência de comércio, carros e humanidade: silêncio devoto que predispõe ao convívio. Os homens da família Malinverno estão no salão, mas na cozinha têm a missão de preservar a memória dos pratos tradicionais saboreados desde pequenos na casa das nonnas: tripas, assados, cozidos, peixes de rio, massas, sopas e sorvetes. Degustando-os, a cozinha se adapta, ajusta, modifica com um único objetivo: alcançar a perfeição. As terras dos Gonzaga chegam até os portais da esplêndida praça e as províncias de Mantova e Cremona ali se encontram idealmente, às margens do Oglio e à mesa, em um duelo paradisíaco em contrapontos de massas recheadas: tortelli de abóbora contra "marubini",* estes últimos rigorosamente cozidos nos três caldos: de boi, de frango e de porco. (...)

Sabemos que quem escreve sobre comida também deve saber falar de outras coisas boas. Sua missão é descobri-las em suas perambulações culinárias. E por trás de uma comida realmente boa dificilmente se encontra a pessoa errada. Eis a crítica sobre uma colhedora de ervas de montanha que ficou famosa entre os chefs estrelados. Nós nos encontramos em Milão, onde ela parecia deslocada, distante da proteção de suas Dolomitas. Chama-se Eleonora Cunaccia.

---

* *Marubini* são enroladinhos de massa tradicionalmente recheados com "sobras" de carne assada e cozida (de boi e de vitelo), presunto, queijo parmesão e ovos. [*N. da T.*]

Muitas vezes, a sabedoria útil à vida é transmitida por linha feminina: era a avó materna quem curava as feridas da menina Noris com um emplastro de raízes. E foi ela quem lhe ensinou o canto do bosque, cuja língua só é hostil para quem não ama a montanha.

Tem alguma coisa de inculto, e não somente nos cabelos: seus olhos penetrantes são perfeitos para distinguir as ervas (e as pessoas) boas das outras. Não é desconfiança, é a digna discrição de quem vive perto do céu, é aquela pitada de superioridade dentro do olhar de quem vê o verdadeiro belo todo dia. Agrião, chicória dos alpes [radicchio dell'orso], *cebolinha* [aglio della regina], *ameixas selvagens e* mugolio *(extrato de broto de pinha, perfeito sobre um sorvete de creme): há uma década, os produtos e aromas saem diretamente da mochila de Noris para a oficina botânica, capturados e fechados em frascos de vidro com a ajuda do irmão Giovanni. Depois, são entregues ao mundo como embaixadores das Dolomitas (a embalagem é perfeita) e são disputados pelas mesas dos grandes cozinheiros; mas ela, ao contrário dos nômades urbanos, convida à lentidão. Por exemplo, agora que a terra dorme sob a neve, Noris estuda e fareja seus musgos; em breve, no degelo, recomeçará a coleta do taráxaco e da bardana, depois será a vez das ervas aquáticas e assim por diante, em um ciclo eterno que une humano e celeste no obséquio das estações.*

Em resumo, usem as astúcias de escritor como instrumentos para melhor fazer sonhar os seus leitores, mas não esqueçam de que devem falar de comida, de atmosferas e de coisas boas ou não boas. Devem denunciar incorreções e exaltar o mérito. Lembrem-se de que nossa tarefa é fazer o leitor sonhar e pensar: sonhar, pensar e conhecer. Fazê-los desfrutar de pratos e vinhos, mesmo que só nós os tenhamos degustado, ou fazê-los penar junto conosco quando um serviço é indelicado ou lentíssimo. Inquietá-los com uma conta fora da lógica ou fazê-lo revirar-se na cama conosco se não conseguimos digerir. Lembrem: o crítico deve usar seu "poder de" e não o seu "poder sobre".

Para terminar, eis um exemplo de resenha crítica perfeita. É apenas um trecho, e convido o leitor a ler o livro de onde foi tirada, *Alho e safiras*. Com a palavra, Ruth Reichl.

> (...) Escolham o sábado à noite. No Sparks, ao contrário dos outros restaurantes, o sábado à noite é fraco. A possibilidade de encontrar uma mesa rapidamente é maior e também de conseguir sentar longe de um grupo de 13 operadores da Bolsa bêbados, que festejam seus sucessos (comigo aconteceu em uma quarta-feira. "Quanto gastaram?", perguntei ao garçom quando a mesa finalmente abandonou o campo. "Oh, não muito", respondeu ele, abrindo o bloco de pedidos com um movimento do punho. "Só pediram quatro magnum duplas e uma garrafa de porto. Uns 2 mil dólares, não mais que isso"). Não vá com muita gente. Pode ser coincidência, mas as vezes em que comi melhor no Sparks éramos só dois na mesa. Tudo chegou sempre quente, e tanto as bistecas quanto a lagosta estavam estupendas.
>
> Olhe o que os outros estão comendo. Não vai ver ninguém comendo antipasto de mar nas mesas vizinhas. Isso tem um motivo. Os moluscos ao forno comparecem sufocados em farinha de rosca e quase crus. Também não vai encontrar ninguém comendo melão. As entradas que valem a pena são: coquetel de camarão (servido diretamente no prato com os camarões abertos como borboletas), polpa de caranguejo, salada de tomate e cebola. Logo verão que os experts pedem a salada de tomates cortados em cubinhos com um molho Roquefort: um toque muito americano e supreendentemente delicado. Quem sabe perceberão que muitos estão comendo aspargos ao vinagrete. Não aparecem no cardápio, mas são muito bons.

Limitem-se a bistecas e filés simples. O cardápio oferece uma quantidade de pratos cheios de frufru, tipo medalhão de filé em molho bordelês, bisteca ao queijo (ou seja, com Roquefort por cima) ou escalopinhos de carne (pequenas fatias de filé com pimentões e cogumelos). O pessoal da cozinha deve cultivar um supremo desprezo pelos que aguardam tais preparações decadentes, e tanto a carne quanto os condimentos não estão à altura dos que se usam para os pratos ortodoxos. Diga-se de passagem que o prato mais confiável que já experimentei foram as costeletas de cordeiro, sempre notáveis. (...)

As tarefas e os exercícios

Nesta altura do livro já deve estar claro o que significa tornar-se um crítico gastronômico. Ainda não mudaram de ideia? Ao contrário, aumentou ainda mais a vontade de ser como o poderoso Ego de Ratatouille? Se desejam fazer seriamente esse trabalho, recordem as ações que mencionamos anteriormente: *degustar, estudar, perguntar, comparar*.

Degustar vai exigir muito tempo. Vocês precisam experimentar, em média, quatro restaurantes por semana, locais novos, rever os já visitados que mudaram de direção ou de proprietários, experimentar produtos novos ou algum vinho que não conhecem.

Estudar significa dedicar um pouco de tempo ao aprofundamento de seus conhecimentos: novas técnicas de abordagem do alimento, novos protagonistas, novos métodos de cozinhar ou antigos processos que ainda são válidos, histórias de pessoas interessantes ligadas à culinária, textos antigos que ajudem a entender o presente e textos modernos de aprofundamento, tanto italianos, quanto estrangeiros. No fim deste volume há uma lista de livros para leitura e consulta que considero básicos, sem contar a internet que, usada com cautela, pode ser uma ajuda válida.

Degustando, estudando e perguntando com regularidade logo chegarão à fase que precede à formulação do juízo: **a** comparação.

Degustar com consciência

Uma das passagens fundamentais para conseguir reconhecer o Bom é, para começar, a abordagem consciente do alimento.

Parece incrível, mas a maior parte dos seres humanos come sem ter fome e pensando em outra coisa. É óbvia e obrigatória a especificação geográfica: no mundo ocidental.

Acontece, às vezes, de ver um crítico à mesa, empanturrando-se de comida, aparentemente sem reflexão.

Lembro sempre do relato de uma jovem blogueira gastronômica desiludida ao constatar pessoalmente que seu crítico preferido, que idealizava e sonhava conhecer desde menina, tinha engolido, em uma única garfada, o estupendo *marbré* de lebre que tinha no prato. O mesmo que ela, agradecendo aos céus pela graça recebida, tinha dividido em minúsculas porções, gastando o tempo de meio jantar.

Henri Chenot me disse uma vez que para aprender a comer devagar são necessários pelo menos seis meses e que 70% das pessoas não o conseguem.

Comer lentamente ajuda a consciência; é a primeira etapa, aquela que precede a degustação.

Uma amiga voluntariosa pediu insistentemente que a iniciasse no mundo da alta cozinha e dos restaurantes refinados. Começamos com um restaurante estrelado cujo cozinheiro "limitava-se" — na verdade, não se trata de uma limitação — a cozinhar com excelência os pratos de sua região natal: o Lácio. A educação ao gosto de minha amiga era bastante simples e suas experiências gastronômicas limitavam-se a algumas visitas às *trattorias* dos arredores de sua casa e a uma avó maravilhosa que lhe ensinou a reconhecer o Bom. Mas não o bastante.

Entregou-me a tarefa de fazer os pedidos e resolvi não confundi-la com pratos demasiado fantasiosos: pedi uma sopa de legumes acompanhada de um grande camarão caramelado.

Ela achou detestável. Passei ao peito de pombo com compota de cerejas. Achou que o pombo estava cru e a compota, insignificante.

Conclusão: para avaliar comida é preciso ter paladar, e paladar é uma coisa que se cria experimentando muitos pratos e comparando-os. O paladar se constrói no tempo. Se minha amiga tivesse tido mais algumas experiências gastronômicas, perceberia que legumes e crustáceos formam uma ótima parceria, testada ao longo dos anos, e talvez já fosse capaz de fazer uma avaliação sobre o que tinha comido naquela noite. Quem pretende ter um mínimo de competência precisa experimentar e degustar muito.

Na verdade, quem quer ser crítico literário, cinematográfico ou musical precisa ler muitos livros, ver muitos filmes ou ouvir muita música. Assim como no campo literário há sempre alguma coisa que remete para além do texto, no âmbito gastronômico há sempre algo que remete para além da comida, para além daquele prato. Portanto, experimentem de tudo, da papinha de seu bebê ao filé de serpente, das plantas e flores — não tóxicos ou venenosos, claro — à tripa crua (enquanto redigia o meu *Livro dos miúdos* [*Libro delle frattaglie*], comi "coisas que vocês humanos"...). Além disso, alternem a degustação selvagem a uma programada, constante, didática visita aos restaurantes de todo tipo, das cantinas aos estrelados. Mas não deixem de praticar também em casa e na casa de amigos e parentes: qualquer ocasião de convívio é perfeita para treinar.

Comparar

Participo, muitas vezes, como jurada de mostras gastronômicas ou concursos para jovens chefs. Os jurados devem preencher uma ficha de avaliação para cada participante. Alguns escrevem suas avaliações logo após a degustação de cada prato. Os mais sábios e competentes limitam-se a tomar notas e escrevem as avaliações finais só depois de experimentar o último prato.

Minha professora de italiano no liceu clássico fazia a mesma coisa: primeiro, lia todas as redações, tomando misteriosas notas em uma folha de papel; em seguida, relia e, só depois de ter comparado todos os textos, dava sua nota.

Eis, portanto, outro princípio fundamental ligado à expressão da avaliação gastronômica: a *comparação*.

Experimentem diversos tipos de ingredientes e também o mesmo prato preparado por diversas mãos; economizem para poder provar aquele prato feito por um dos grandes e, depois, quando tiver encontrado aquele que merece o mais alto posto em sua classificação, poderá tomar este sabor como referência e arriscar-se a fazer uma avaliação. Mas é igualmente fundamental não permanecer rigidamente amarrado a modelos gustativos de referência: é bom estar sempre pronto para mudar de ideia, com a elasticidade que uma matéria em permanente evolução como a alimentação exige.

O ideal seria poder contar com alguém competente e autorizado para guiá-lo ao longo do caminho. É por isso que o melhor presente que podem dar a seus filhos não são coisas, mas viagens e exemplos concretos. Refiro-me também a viagens entendidas como experiências gastronômicas. Assim, eles estarão treinando para um autêntico privilégio: reconhecer o Bom e saber julgar com conhecimento de causa.

Para começar, apresente a eles as essências e os perfumes da cozinha desde pequenos: uma folha de hortelã, uma de manjericão, outra de estragão. Que experimentem batatas fritas primeiro, em um óleo exausto e, depois, em um óleo novo; uma fruta madura no ponto justo, uma carne que não perdeu suculência e sabor. Depois, sempre como um jogo, ensine a distinguir entre um azeite de oliva do Garda e um de Sciacca.

Mas as *sete regras* não poderiam ser mais bem-explicadas do que em uma experiência de campo. Saber captar um detalhe de um serviço perfeito, de uma atmosfera acolhedora, de uma nota desafinada no conjunto de uma refeição, na sequência equivocada de um menu...

INVISTA: faça uma lista dos melhores restaurantes de sua área e experimente. Descobrir o Bom no mundo da culinária é caro, mas não impossível. Pegue uma folha de papel e anote quantas vezes em um mês você come fora, quanto gasta em uma pizza, em um jantar em pé, em um cinema ou com a comida que joga fora regularmente porque estraga (pão, por exemplo). Faça as contas: aí está, esta cifra certamente daria para pagar um jantar em um restaurante de alta cozinha: no mínimo, o menu degustação.

ESTUDE: comer bem é um fato cultural; é horrível ouvir dizer que a cozinha tradicional italiana mais antiga baseia-se na massa com molho de tomates e na polenta. Afirmações como essas fazem surgir uma série de perguntas: somos um país gastronomicamente analfabeto? Somos um dos países mais ricos de coisas boas de comer e, ao mesmo tempo, um dos mais ignorantes? Estamos prontos para fazer resenhas críticas na internet e, ao mesmo tempo, não sabemos a diferença entre bacalhau e merluza? Temos dezenas de restaurantes de alto nível e disparamos a esmo contra esse tipo de restaurante, louvando a *"trattoria* de antigamente", com porções abundantes e toalha xadrez, mesmo quando se come muito mal? Muitas vezes choramos a nostalgia de um passado gastronômico que só existe no imaginário, visto que, até os anos 1960, falar em cultura camponesa italiana faz lembrar, sobretudo, a fome.

Escreva e reescreva: procure pelo menos dois manuais, um de regras gramaticais e outro de escrita criativa. Depois de ir ao restaurante ou de descobrir uma loja interessante, um vinho ou um produto, vá para casa e trate de escrever suas resenhas, partindo de mil até 3 mil caracteres.

Crie um blog: em relação ao mundo anterior à internet, quem vive hoje é, sem dúvida, privilegiado. Escreva a cada dois dias, verificando o efeito de seus *posts*. Seja original, procure novos caminhos e não desanime se não tiver grandes recursos econômicos — pode-se criticar até o bar da esquina.

Exercite o paladar e amplie seus conhecimentos linguísticos: aprenda a degustar às cegas, a reconhecer os temperos, as ervas aromáticas, a casta de um vinho; aprenda os vários cortes de carne e os tipos de peixe em diversas línguas e nos vários dialetos.

Cozinhe: tente cozinhar, pelo menos uma vez por semana uns dois pratos para um grupo de amigos ou parentes. Tente até que as receitas saiam bem. Escreva as resenhas dos pratos feitos por você ou pelos membros de sua família, depois leia e compartilhe.

Faça perguntas: não tenha medo de pedir informações sobre o que está comendo, de onde vem, quem produziu e por quê. Fale com os garçons, os comerciantes, os cozinheiros, pescadores, produtores, camponeses. Onde o cozinheiro nasceu, onde faz suas compras, quem produz o vinho, porque o restaurante tem aquele nome etc. Ouça e guarde.

Programe uma viagem ao exterior: poupe, escolha uma área rica do ponto de vista alimentar e vá visitá-la. Se não tem dinheiro, privilegie os mercados e pequenos restaurantes, fique longe das cadeias para turistas, ou vá apenas uma vez: vai entender muitas coisas. Tome notas e escreva, mesmo que ninguém vá ler ou pagar pelo que está fazendo.

Ofereça-se como colaborador: mas pelo menos depois de um ano de rodagem com o blog. Faça uma lista das publicações do mundo alimentar, mesmo as menores, e ofereça seu nome. Aceite um pagamento mínimo, é assim que funciona no início, embora nesse momento ser pago para isso pareça uma miragem. E se for aceito, não se negue a pegar um cafezinho para os outros. Não desista.

Compare: no final deste livro há uma Ficha de avaliação, que você pode reproduzir ou fotocopiar. Leve-a sempre consigo quando for comer fora — mesmo na casa de amigos ou parentes —, use-a e tome notas em qualquer ocasião gastronômica. Depois, comece a comparar. Compare suas resenhas com as dos outros e peça o mesmo prato em diversos restaurantes: descreva as diferenças.

Codifique: habitue-se a basear suas avaliações em parâmetros sempre iguais e codificados — se não tem os seus, use *as sete regras*. Isso vale para qualquer um, inclusive aquela maioria dos que não pretendem se tornar críticos profissionais de gastronomia. Poderão julgar sua pizzaria preferida, o restaurante do amigo ou a sorveteria da esquina. Em suma, entender se uma coisa é boa ou não. Mais ou menos como jogar basquete como profissional ou como amador: as regras do jogo não mudam, o que varia é o tempo dedicado ao treinamento.

Boa sorte.

As sete regras para reconhecer a boa cozinha

Regra Número 1: Ingredientes

Saber escolher o melhor que o mercado oferece, satisfazendo os requisitos de qualidade e frescor.

"As coisas são boas quando têm o sabor daquilo que são." Esta frase de Curnonsky, um dos primeiros críticos gastronômicos, lança os fundamentos das *sete regras*. Mas para poder captar seu verdadeiro sabor é preciso que as coisas sejam boas.

E assim todos ficam satisfeitos, dos defensores da tecnologia àqueles da cozinha crua e selvagem, dos vanguardistas aos nostálgicos da "molecular" e aos partidários da baixa temperatura. Em poucas palavras, é a linha guia que, compartilhada, abraça todas as escolas de pensamento e ilumina o caminho de qualquer cozinheiro e qualquer apaixonado pela culinária.

O conceito de "respeito" pela matéria expresso por Curnonsky é perfeito para introduzir o primeiro e irrenunciável mandamento. Primeiro, porque é condição *sine qua non* de qualquer parecer sobre um prato: se falta este requisito, é quase supérfluo submeter um restaurante à avaliação. Tanto é verdade que, se perguntar a um chef qual é a importância dos ingredientes, ele responderá com um olhar entre o depreciativo e o espantado, como quem diz: "Mas isso é o óbvio!" Quando tiver na mão a ficha de avaliação das *sete regras*, lembre-se de que esta é a mais importante, não é a primeira à toa.

Quantas vezes ouvi da boca de mães conscienciosas, *foodies* fanáticos, gourmets à moda antiga ou pseudoapaixonados: "O importante é a matéria-prima." Mas somos realmente coerentes, todos nós que proclamamos a supremacia dos ingredientes? Já vi muitas vezes alguns defensores dos "ingredientes de qualidade" pedindo ao vendedor: "Quero 200 gramas do presunto mais barato, afinal é só para colocar na pizza" ou "Este vinho não é grande coisa, na verdade é muito ruim, mas serve para o risoto". São sempre os mesmos que gritam escandalizados diante do preço de um bom extra-virgem de oliva, mas não economizam diante do último modelo de smartphone. Fazendo a ressalva de que nem sempre o maior preço corresponde à mercadoria de melhor qualidade, tentemos manter a coerência. É o que deveriam fazer os cozinheiros e donos de restaurantes obrigados pela crise a cortar custos: economizar no serviço, nas toalhas, nos copos, no pessoal, mas nunca nos produtos. Se os clientes percebem que o barco está afundando, adeus. Podem perdoar uma carta de vinhos mais modesta, um garçom meio desajeitado, mas nunca a decadência nos ingredientes. Pensando bem, o que realmente pagamos nos melhores restaurantes do mundo não é apenas o garçom que cuida de nós e troca o guardanapo quando vamos ao toilette, nem um grama a mais de trufa branca de Alba e tampouco as estrelas que enfeitam o local. Pagamos a qualidade e o frescor dos ingredientes e dos pratos. Nenhum bom cozinheiro consegue um bom resultado partindo de matérias medíocres, enquanto o contrário é verdadeiro, ou seja, um cozinheiro medíocre pode conseguir criar alguma coisa de bom se dispõe de ótimos ingredientes.

Vamos fazer um jogo. Imaginem que precisam organizar uma festa e só podem dispor de um orçamento bastante apertado. Existem duas possibilidades:

a) podem contratar um cozinheiro excelente, mas a qualidade das compras vai cair;

b) podem comprar ingredientes excepcionais, mas o cozinheiro, nem tanto.

A escolha justa é, sem sombra de dúvida, a segunda — certamente, a menos ruim. É o único modo de salvar a festa (ou o restaurante). É impossível avaliar o resto, se quem está por trás não foi capaz de fazer as compras certas.

Não tenho dinheiro para contratar um grande chef? Melhor um chef medíocre cozinhando ótimos ingredientes que péssimos ingredientes preparados por um gênio. Mesmo em casa, se não tiver dinheiro para comprar coisas caras, não precisa renunciar aos convidados: basta escolher o melhor no mercado e não cozinhar muito. Fará ótima figura. Escolher o melhor ao fazer as compras não significa, necessariamente, ter muito dinheiro para gastar, ou comprar apenas trufas e ostras; o nosso Davide Oldani, famoso em todo o mundo, demonstrou que é possível fazer alta cozinha com uma cebola, uma berinjela, uma beterraba.

Um bom prato é dado pela soma de cada ingrediente de qualidade.

Devemos saber esta máxima de cor, nos concentrando no conceito de "soma". Para fazer um bom prato não basta um ingrediente de qualidade: todo o restante deve estar à altura. Tudo, inclusive sal e pimenta.

Este primeiro mandamento pressupõe saber reconhecer a qualidade de um produto; com um pouco de exercício, é possível chegar lá.

Para escolher bons ingredientes é preciso saber reconhecê-los.

Lembram dos nossos imperativos? Para melhorar o paladar é preciso treinamento, conhecimento e experiência prática. Ou seja, experimentar muitos pratos, ler, estudar, ver o que acontece por aí e estabelecer comparações.

Tempos atrás me pediram-me que redigisse uma lista de verdades simples, de noções básicas acompanhadas de degustações no quadro da apresentação de um livro meu em um instituto superior.

Eis algumas delas:

O ingrediente de qualidade deve ter um odor próprio.
O presunto cru deve ser levemente adocicado.
O presunto cozido não deve estar luzidio.
O culatello* deve remeter ao sabor de assado.
Queijos devem ser comidos em temperatura ambiente.
Peixe não cheira a peixe.
Pão não pode parecer plástico.
A massa deve ser áspera.
Massa e arroz ao dente são mais digestivos e mais saudáveis.
O arroz do sushi não deve ser grudento.
Um camarão não tem cheiro de amoníaco.
A carne branca deve estar sempre bem cozida.
A carne vermelha deve ser pouco cozida.
Miúdos são bons.
As asas e o peito de aves, em geral, exigem cozimentos diferentes.

O exercício incluía algumas provas práticas: comer um ravióli e tentar descobrir o recheio; perceber a diferença entre vários óleos; perceber a diferença entre manteiga e margarina; degustar uma gota de molho de soja para entender o umami.

---

* Salame feito com a carne da coxa do porco desossada e enrolada [*N. da T.*]

Parece óbvio, mas para a maioria não é. Oito entre dez pessoas dizem que nunca deram atenção ou que até ignoravam algumas das regras.

Alguém já disse que a solução justa é a mais simples. É um bom conselho para a vida e funciona aqui também:

PARA RECONHECER UM BOM INGREDIENTE É PRECISO EXPERIMENTAR MUITOS.

Cada um pode construir, dia após dia, com base na própria experiência, seu próprio prontuário de pequenas verdades gastronômicas.

Mais adiante, neste capítulo, listaremos quais são as características dos bons ingredientes segundo os profissionais do ramo, mas antes quero sugerir dois testes: um, para descobrir rapidamente se um determinado restaurante respeita a *Regra Número 1*; outro, para mostrar o que significa exercitar o paladar para reconhecer um bom ingrediente.

O teste do pão e do azeite

Para descobrir o quanto a *Regra Número 1* da qualidade dos ingredientes é respeitada — tanto pelos donos de restaurantes, quanto pelos fregueses — preste atenção no pão e no azeite. Esses dois alimentos são a carteira de identidade de quem abre um restaurante: se não é capaz de respeitá-los, terá sua ficha penal suja antes mesmo de começar.

Sempre fico espantada ao ver quantos, ingenuamente, negligenciam o primeiro alimento que levam à boca: o pão. Em quase todos os restaurantes de certo nível, ou nos grandes hotéis do mundo, o pão não é comprado, é produzido na casa. Mas esse não é um requisito obrigatório para todos. Se abro uma *trattoria* de culinária toscana e meu cozinheiro não sabe panificar, não tem problema: cabe a mim procurar uma padaria da área que faça um ótimo pão adequado à minha cozinha. O mesmo vale para o óleo de oliva que, na cozinha mediterrânea, é o princípio e o fim de quase todas as preparações. É obrigação minha procurar vários tipos de óleo para os diversos usos na cozinha: um para cozinhar, é claro, um para fritar, um não invasivo para os clientes ou hóspedes, a ser colocado na mesa — embora um verdadeiro cozinheiro não veja com bons olhos o acréscimo de qualquer coisa à sua obra de arte, que ele considera "completa".

Um bom cozinheiro tem a tarefa/dever de buscar o melhor. As compras não são feitas só no supermercado (ou não só), mas indo atrás daquele produto top de linha com o melhor custo.

O teste do robalo

Meu cunhado Giulio diz que é inútil falar de ingredientes se não explicar como reconhecer o peixe fresco na banca da peixaria e como saber se o robalo servido no restaurante é pescado ou de cativeiro. Para deixá-lo contente, vamos usar o teste do robalo como exemplo de educação para a degustação.

No prazo de uma semana, no máximo, tentem comer um robalo de cativeiro cozido no forno depois de descongelado; um robalo de cativeiro ao forno, mas comprado fresco; um robalo pescado e feito ao forno e um robalo pescado com anzol e, sempre, ao forno.

Não fiquem frustrados se no início parecerem todos iguais: insistam e descobrirão que se trata de um maravilhoso exercício para o paladar e para a mente. Lentamente, aquela névoa do gosto que tornava todos os sabores iguais, aquela ideia monolítica de "robalo" formada há tempos em sua mente, começará a ganhar nitidez e definição. O peixe de cativeiro carrega consigo um imperceptível traço retro-olfativo de lama, ou melhor, o sabor-odor que se percebe ao abrir uma despensa fechada há muito tempo — mas não vamos demonizar o peixe de cativeiro: comprado fresco, é um bom alimento. A polpa do peixe que viveu livre no mar carrega consigo o sabor meio selvagem de rochedo ao amanhecer, antes que o sol exalte seus cheiros. A carne do peixe corretamente cozida separa-se em lascas e não se esfarela, mantém-se úmida no ponto certo e firme. Se, ao abrir o peixe, a espinha não se destaca bem e a polpa ainda está levemente rosada, significa que ele ainda não está no ponto de cozimento. Atenção com azeites agressivos demais ou molhos demasiado protagonistas. Mas isso já é outro assunto, que prescinde do ingrediente.

No entanto, normalmente, vemos o peixe já no prato e, portanto, os indícios são menores. Antes de mais nada, lembrem-se que o peixe que chega à mesa inteiro sempre tem mais chances de manter seu "ar de mar": ou seja, para um mesmo peixe, o inteiro leva vantagem sobre o cortado em filés ou postas. Mas são pequenas nuances que só se percebe com a experiência.

Ainda não se exercitou com as degustações? Pode usar, então, as provas visuais: se cinco comensais pedem robalo e seus pratos exibem cinco robalos do mesmo tamanho, existem grandes possibilidades de que sejam de cativeiro.

No que diz respeito ao frescor, há uma lei olfativa bem precisa: os animais marinhos — qualquer espécie, inclusive moluscos e crustáceos — não cheiram mal. Ponto. Qualquer odor que não seja um leve perfume de maresia indica problemas, e isso vale para as peixarias e para alguns açougues que atingem nosso estômago com um cheiro característico de carne em decomposição. O peixe fresco é firme; tentem afundar o dedo na polpa: quanto mais fresco for, mais difícil é afundar. O olho é vivo e não velado por uma pátina esbranquiçada, as escamas não saem facilmente e as brânquias exibem um tom vermelho vivo. Mas isso só serve para quem vai às compras ou para quem tem a felicidade de frequentar um restaurante que mostre o peixe antes de cozinhá-lo: em todos os outros casos, quem pede peixe recebe uma porção pronta para o consumo. Então, apure o seu olfato: só ele poderá antecipar os sabores.

O que se entende por qualidade

Todos louvamos a qualidade, tanto que parece ser a palavra mais inflacionada do nosso tempo.

Tente perguntar a um amigo cozinheiro ou gourmet o que significa realmente "qualidade", ou seja, quais são as características que nos levam a dizer: "Este é um produto de qualidade." A meu ver, a resposta deveria listar os seguintes requisitos:

- ser fresco;
- estar no auge de sua essência;
- ser respeitado.

1. Ser fresco

O que realmente faz a diferença é uma cozinha na qual alguém prepara seu prato na hora, do começo ao fim; onde hortaliças, molhos e caldos não mofam na cela frigorífera durante semanas. Uma cozinha na qual, a cada 24 horas, se recomeça do início, refazendo tudo: pães, caldos, molhos, cortes e cozimentos. O frescor de um ingrediente é revelado por seu perímetro: uma borda escurecida em um pedaço de carne, ressecada em uma folha de alface, coagulada ou rachada em um purê de qualquer tipo, oxidada em um legume abandonado há horas em contato com o ar. Nas conversas com os chefs, na cozinha após o jantar, sempre me causa impressão a resposta daqueles que trabalharam com Thomas Keller, Ducasse ou Ramsay: o fato mais marcante para todos eles, de forma unânime, foi o frescor de sua cozinha. Ou seja: a capacidade de imortalizar em um prato a vida que se encerra em cada ingrediente singular.

O FRESCOR É UM VALOR E CONSISTE NA CAPACIDADE DE GUARDAR E PRESERVAR O GOSTO: MANTÊ-LO VIVO DESDE O INGREDIENTE ORIGINAL ATÉ O PRATO ACABADO.
E estamos falando dos melhores cozinheiros do mundo. Para fazer pratos frescos é preciso ter uma equipe: alguém que limpe e corte com perfeição as delicadas verdurinhas que todos adoramos; alguém que faça o molho rapidamente antes que as verduras fiquem murchas no prato; alguém que, nesse meio-tempo, controle a posta de linguado para verificar o tempo de cozimento. E alguém que reúna o conjunto com perícia, enquanto outra pessoa compõe os pratos para os demais comensais, de modo que tudo chegue à mesa na mesma hora. A alta culinária não é fácil, e para mim é sempre um milagre. Mas captar a diferença entre alimento vivo e alimento morto deve ser prioridade para um bom gourmet, e isso vale para qualquer lugar onde se possa consumir um alimento: casa de amigos, confeitaria, lanchonete, *trattoria*, restaurante ou a galáxia dos triestrelados. Precisamos aprender a reconhecer a vida dentro dos pratos. Um prato requentado três, quatro vezes não pode deixar de estar "passado", e nenhum cliente vai pagar por ele de bom grado em um restaurante.

2. *Estar no auge de sua essência*

Assim como alguns seres humanos, certos ingredientes só dão o melhor de si quando colhidos em um momento bem preciso de sua existência. Garantir um bom ingrediente não basta se ele não for utilizado quando está no auge.

Para cada ingrediente existe um lapso de tempo — mais ou menos longo — durante o qual ele dá o melhor de si.

É fundamental saber reconhecer e adquirir um ingrediente exatamente na melhor fase de sua vida, no auge, no ápice de sua maturidade; quando exprime sua essência e, portanto, o máximo de sua natureza. Sempre e em toda parte ouvimos dizer "Comprar frutas e verduras da estação", se é da estação, tem mais sabor, é mais saudável e custa menos. E, provavelmente, não teve de viajar desde o outro lado do mundo. Nesta altura devo abrir um parêntese para tratar da questão do "quilômetro zero", outra expressão usada abusivamente. Se tenho uma simpática *trattoria* à beira de um rio, não tem sentido servir trutas pescadas do outro lado do planeta; se vivo em Pantelleria, é ridículo adquirir alcaparras da Ligúria. Mas se quero deixar minha sogra de boca aberta preparando uma cavaquinha ou sou um chef que mira a segunda estrela, sinal verde para as compras internacionais, desde que não venham substituir um produto fantástico que posso encontrar atrás de casa. Um produto de qualidade pode e deve ser adquirido em qualquer parte do mundo, desde que se tenha a capacidade de harmonizá-lo sabiamente com ingredientes autóctones. Em síntese: se sou um executante e meu restaurante oferece cozinha tradicional, devo utilizar o máximo de produtos locais e da estação; se alimento grandes ambições, sou um grande chef e tenho condições de adquirir o melhor, então procurar o mercado global é bom e, às vezes, até aconselhável.

Em entrevistas, diante de perguntas do tipo "Qual é o sabor da sua infância ou o sabor perfeito?", sempre apontei um queijo: a *crescenza* — que muitos chamam genericamente de *"stracchino"* —, que meu pai trazia depois do trabalho de uma queijaria familiar. Talvez ele tenha indicado, sem saber, a estrada para esta curiosa profissão no dia em que, sozinhos à mesa, disse: "Vou te ensinar um truque para entender quando uma *crescenza* é realmente boa. Experimenta: bem lá no fundo", dizia, estendendo um pedacinho, "no final, mas no finalzinho mesmo tem um retrogosto de avelã." Para mim, menina de 9 anos que queria ser escritora quando crescesse, foi uma iluminação. Entendi que a comida tem um sabor que chega primeiro, um, que vem depois, e outros sabores, que vêm do coração, da memória.

Mas agora, escrevendo este capítulo, sei o que é o sabor perfeito; sei o que devo dizer para dar um exemplo do que é um ingrediente no máximo de sua essência. Já era uma mocinha quando minha avó me encarregou da tarefa de regar as hortas em terraços e o pomar de sua casa na Ligúria durante as longas férias de verão. Fazia isso quando o sol se punha, "para não queimar as plantas", conforme me ensinou Maria, a vizinha, e trabalhava com empenho e orgulho. A operação durava quase 1 hora, mas no final chegava a recompensa: a escolha de um abricó absoluto. Com passar dos anos, criei um ritual: comeria só um, mas tinha de ser o melhor. Não importava se minha vó chamasse porque o jantar estava na mesa: precisava encontrá-lo. Observava todos eles longamente, identificava um que parecia o certo, mas, depois, o olhar caía mais adiante, em uma outra pequena esfera alaranjada. No final, escolhida a presa, tinha de me esticar, às vezes, trepar nos ramos mais baixos. Já sabia que seria sublime pela facilidade com que se destacava do galho, deslizando entre minhas mãos. Sabia que as minúsculas pintas sobre a superfície aveludada eram sinal de gostosura, sabia que ainda estaria cálido de sol, que abrindo-o pelo meio uma gota de mel escorreria em minha língua. Sabia que devia ceder ao toque e deixar meus dedos afundarem no ponto certo, como a resistência que a bochecha de uma moça oferece ao carinho de um amigo. Eis o meu sabor perfeito: abricó maduro, colhido no fim do dia diretamente da árvore. O que temos de procurar é um robalo no auge de suas qualidades, um morango, 1 hora antes de iniciar a decadência, um corte de carne ou um queijo que não tenham maturado nem um dia a mais que o necessário. Um ingrediente perfeito é como o meu abricó.

3. *Ser respeitado*

Esta é a última característica que identifica a qualidade do ingrediente. Uma das regras indicadas por Michael Pollan em *Food Rules* é: "Não comer nada que sua avó não reconheceria como alimento." Não deve ser levada tão ao pé da letra: perderíamos toda aquela bem-aventurança que é a cozinha de vanguarda, o olhar da gastronomia para o futuro. Vamos traduzi-la assim:

RESPEITAR UM INGREDIENTE SIGNIFICA MANIPULÁ-LO ATÉ MUDAR ATÉ MESMO A SUA ESTRUTURA MOLECULAR, MAS SEM OFENDER SUA NATUREZA, OU SEJA, MANTENDO-O RECONHECÍVEL, SE NÃO PELO ASPECTO, POR SEU GOSTO PRIMÁRIO.

Não sei mais quem me presenteou com uma aguda definição de "simplicidade". Creio que foi Luisa Vallazza, do premiado

Sorriso. Definição útil também para quem ainda não encontrou seu estilo de vestir, escrever ou está mudando a decoração do salão: "A simplicidade é complexidade resolvida." Respeitar um ingrediente significa cozinhá-lo na simplicidade, depois de tê-lo decifrado e deixando entrever sua complexidade.

O respeito ao ingrediente tem regras objetivas, evidentes — e é uma das argumentações fundamentais a favor da tese de que a critica gastronômica não pode ser subjetiva. Exemplo: se cozinho por 17 minutos uma maravilhosa massa de grão duro trefilada em ouro, não posso dizer que respeitei o ingrediente. Existem mil maneiras diversas de cozinhar um produto, mas um único modo de respeitá-lo e, no caso dessa massa, respeitá-la significa não cozinhá-la além da conta. Saber disso faz a diferença entre um crítico merecidamente pago e um que gira impunemente pelos restaurantes e, em casa, come massa supercozida e carne estorricada.

O respeito ao ingrediente também é muito importante, porque introduz a *Regra Número 2*: a técnica. Respeita-se um ingrediente quando se conhece o modo de tratá-lo, ou seja, quando se tem noção da técnica.

Para terminar, dois episódios que têm a ver com a boa qualidade dos ingredientes e com a poesia da comida. Certa noite, vários anos atrás, conheci o proprietário de um abatedouro quando ele fazia uma entrega em um grande restaurante de Milão. Na época, era quase desconhecido: chama-se Sergio Motta. Fiquei impressionada com seu modo quase profético e visionário de falar de carne, o brilho nos olhos que distingue os sonhadores, mas os sonhadores de sucesso, não os que vivem de devaneios. Fiquei impressionada, tanto que fui a seu abatedouro ver como ele trabalhava.

Entrei no local com um pé atrás, afinal, era a minha primeira vez. Dois de seus gestos permaneceram indeléveis em minha memória: a carícia antes de abater o animal, como se agradecesse por seu sacrifício, e o momento em que enfiou a cabeça no meio de um animal imenso talhado pelo meio e convidou-me a sentir os odores dos diversos pontos do animal (ele conseguia reconhecer um corte de carne pelo cheiro). Creio que só naquele momento entendi o quanto a carne tem o sabor daquilo que é.

Dois. Durante um verão nas ilhas Eólias ouvi uma amiga contar uma história curiosa, emblemática, de como um prato perfeito é um conjunto de ingredientes perfeitos: trata-se da excêntrica merenda de uma família de empresários sicilianos. Saíam de barco com o sol alto, em direção aos rochedos de Salina. Aproximando-se da costa, buscavam entre as rochas uma pequena depressão, uma pequena bacia com a forma da palma de uma mão, uma pocinha com um pouco de água de mar no fundo: lá dentro mergulhavam um pedaço de pão de grão duro que depois condimentavam com o magnífico azeite de oliva produzido na ilha e uma pitadinha de orégano: manjar dos deuses, uma espécie de *"scarpetta"*, * mas tão selvagem e primordial que se tornava suntuosa.

---

* *Fare la scarpetta* é limpar o prato com um pedaço de pão. [*N. da T.*]

Regra Número 2: Técnica

Saber manipular e transformar a matéria em prato acabado no respeito de sua essência, da tradição e da ciência.

Como "técnica" entende-se uma série de normas que regulam o exercício de uma atividade manual, intelectual ou esportiva. A palavra grega *tékhne* significava, literalmente, "arte", que por muitos séculos foi compreendida na acepção de "saber fazer"— e sabemos que o saber fazer é primo do "fazer" ligado ao alimento, que é muito mais do que cozinhar. Fazer comida tem em si uma carga emocional, é um conjunto de ações aplicadas à execução de um trabalho e implica um projeto. Será, por acaso, que "fazer" e "felicidade" têm a mesma raiz?

EM CULINÁRIA, USAR A TÉCNICA SIGNIFICA APLICAR UM CONJUNTO DE PROCEDIMENTOS A UM INGREDIENTE. LEVÁ-LO DO ESTADO ORIGINAL AO PRATO ACABADO.

Um cozinheiro não é apenas aquele que transforma o cru em cozido: é aquele que, graças à técnica, sabe transformar o produto tal como se encontra na natureza em algo comestível e assim por diante, até algo que se assemelha ao alto artesanato. Dominar a técnica é seu primeiro dever. Precisa aprendê-la na escola ou com alguém que a conhece e transmite. E, depois, esse alguém deve ter a paciência de secundá-lo enquanto ele tenta em primeira pessoa.

Muitos são os antropólogos, além, é claro, de Lévi-Strauss, que sustentam que a primeira forma de civilização aconteceu a partir da passagem do cru ao cozido, através da descoberta do fogo e das técnicas de cozimento dele derivadas, favorecendo o sedentarismo em relação ao nomadismo. O homem se une a seu semelhante para capturar presas cada vez maiores e, ao final da caça, divide a presa, que é consumida junto com o grupo: é a forma embrionária do banquete, do "comer junto". É o nascimento da técnica de cozimento. Mas a técnica não é somente cozimento: é um conjunto articulado de processos. Mesmo nas correntes culinárias do "tudo cru" e do "sem fogo", é necessário aplicar certas noções de técnica. Penso, por exemplo, em um peixe cru ou em um simples *pinzimonio*:* quem disser que não existe técnica nesses dois pratos não entende nada de cozinha. Primeiro, porque o corte é fundamental nos dois casos e, segundo, porque o peixe deve ser abatido e congelado por certo tempo, de modo a evitar a anisakis ou outras bactérias, e porque, para preservar a crocância e a bela cor de um bastonete de cenoura, é preciso colocá-lo em uma tigela com água e gelo antes de levá-lo à mesa. E isso também é técnica.

Ernesto Illy diz que os cozinheiros são os químicos da intuição. Técnica significa responder ao "como se faz?" depois de escolher "o que fazer". Significa conhecer o conjunto das leis que regem uma matéria-prima ou uma atividade; organizar o próprio talento através da técnica permite que o gênio desabroche. O mesmo vale para todas as outras formas artísticas, da arte pictórica à literatura.

---

* Mistura de azeite de oliva, sal e pimenta-do-reino para mergulhar vegetais crus, como aipo, cenoura, funcho, ou cozidos, como alcachofra, entre outros. [*N. da T.*]

Pense naquele domingo em que preparou um maravilhoso cozido cuidando dele como cuida de seu vasinho favorito de tomilho. Botou seu prato na mesa e, por distração ou inexperiência, cortou a carne no fio errado, tornando-a imastigável... Eis um caso em que, ignorando a técnica, você não respeitou a matéria. O que faz a diferença entre um excelente e macio pedaço de carne e um bloco duro e borrachudo, realmente intragável? O corte. Reconhecer as fibras musculares, muito evidentes nos cortes externos e bem menos nos cortes mais apreciados, é determinante. Pelo corte podemos ver se estamos diante de um profissional ou de um cozinheiro improvisado: imaginem o enorme treinamento a que são submetidos os mestres do sushi antes de obter seu "diploma". Meu amigo Wicky Priyan diz que os "rigorosos" do sushi não podem ficar mais de duas semanas sem prepará-los: os dedos enrijecem irremediavelmente. Cortando em fatias finas ou em cubinhos, a lâmina deve encontrar a carne de modo perpendicular às fibras, e o profissional pode ser reconhecido até pelo modo como empunha a faca (não ouse pedir uma meia-lua: se estiver blefando, o pedido vai desmascará-lo); há lâminas que "violentam" a polpa de carnes e peixes. Lembre o quanto é desagradável mastigar um pedaço de cenoura grande e semicru junto com outro pequeno e cozido demais. Cortar um produto de maneira desuniforme deixa qualquer chef executivo furioso, não somente por motivos estéticos, mas, antes de tudo, porque o ingrediente não vai cozinhar de maneira homogênea. Em uma das últimas edições do *MasterChef USA*, uma das provas técnicas mais duras para a triagem inicial dos concorrentes consistia em cortar o maior número de maçãs em fatias homogêneas e idênticas no menor tempo possível: foi um massacre, muitos concorrentes não chegaram nem à metade da prova. Saber fazer *brunoise, jardinière, macédoine mirepoix, matignon* e *julienne* (palavras melodiosas para os diversos modos de cortar verduras) exige método: o corte é semelhante, mudam apenas as dimensões.

Um cozinheiro deveria ser capaz de transformar um cordeiro em uma perfumada costeleta. Hoje — infelizmente — não é sempre assim: muitos chefs veem chegar a cada dia, entre as encomendas, cortes de carne e de peixe a vácuo, perfeitamente prontos para usar. Não tenho nada contra os produtos a vácuo, mas um cozinheiro deveria conhecer os procedimentos que precedem a confecção da carne. Ser cozinheiro significa receber um faisão de presente e saber por onde começar. Já conversei com jovens cozinheiros recém-saídos da escola de hotelaria que admitiam nunca ter tido a oportunidade de limpar um robalo e nunca ter visto abrir uma ostra. Um cozinheiro pronto sabe, por exemplo, tirar filés de um linguado europeu, eviscerar um peru, branquear uma dobradinha e cozinhar uma moleja; sabe tirar a pele de uma enguia, mesmo que nunca na vida tenha de fazer isso. Admito que meu objetivo polêmico são os cozinheiros ascéticos e assexuados, mais cientistas e alquimistas e menos artesãos da comida; os chefs que não sujam as mãos e preferem delegar ou girar manivelas e apertar botões: pessoalmente, sou favorável a uma justa mistura de humano e tecnológico.

Entre os conhecimentos técnicos indispensáveis estão os tempos e as temperaturas, os dois terríveis "T", temidos por qualquer chef ou cozinheiro iniciante. Pense em um jantar organizado por um amigo que se esforça muito, mas erra na hora de cozinhar a massa ou serve um arroz supercozido, um assado frio e um semifrio liquefeito. Conhecer a técnica e respeitar os ingredientes tem a ver com a observância das temperaturas e tempos certos; basta pensar no cozimento do ovo, com resultados completamente diversos através de variações de poucos segundos. Muitos chefs colocam no cardápio o ovo a 65°C: parece um prato banal, mas é assim que se obtém uma cremosidade rara. Um cozinheiro sabe que a temperatura de coagulação das proteínas é sempre menor do que 100°C e que no ovo existem diversas proteínas, cada uma delas coagulando a uma temperatura diferente. Por exemplo, a ovo-transferrina contida na clara começa a coagular a 62°C, e se solidifica mantendo a maciez. Um cozinheiro sem técnica destruirá um maravilhoso camarão de Sanremo se cozinhá-lo demais ou um polvo se cozinhá-lo de menos. Outra abominação é esfumar com vinho branco: os peixes não podem ser afogados em vinho, sufocando sua delicadeza; no máximo, esfuma-se o *fumet* ou o caldo preparado com a cabeça e os descartes do peixe ou com as cascas dos crustáceos. Conhecer as técnicas também significa conhecer os vários tipos de cozimento e quais os adequados para cada ingrediente.

OS CONHECIMENTOS DE QUÍMICA E DE FÍSICA CONSTITUEM, AO LADO DA TRADIÇÃO, OS FUNDAMENTOS TÉCNICOS QUE SUSTENTAM OS CONHECIMENTOS DE UM COZINHEIRO. SEJA ELE UM EXECUTANTE, VOLTADO PARA A COZINHA TRADICIONAL, OU UM COZINHEIRO QUE PRETENDE ABRAÇAR A VANGUARDA, DEVE CONHECER ESSAS REGRAS COMO CONHECE O ALFABETO.

Ao primeiro basta conhecê-las de cor e salteado, já o segundo deve continuar a pesquisar. Um artista da cozinha, assim como na literatura ou na arte, deve conhecer perfeitamente a gramática e a sintaxe de sua linguagem para poder dobrá-la e torcê-la a seu bel-prazer em torno da própria intuição. Experimentei a flor de abóbora recheada de *foie gras* de Heinz Beck um pouco antes de ele receber sua terceira estrela, e cada vez que penso na técnica, penso nesse prato. Fritar uma flor de abóbora perfeitamente aberta sem rasgar nenhum fragmento das pétalas e ser capaz de manter a crocância da flor em contato com o *foie gras*... Um milagre.

Se existem técnicas precisas de corte, de cozimento e de conservação do alimento, muitas delas estão ligadas às panelas. Sem precisar ir muito longe e ficando entre nossas quatro paredes domésticas, basta observar o quanto mudou nosso modo de cozinhar com a chegada da panela de pressão e da panela antiaderente, revestida de Teflon ou de liga de titânio, dura, extremamente resistente e com melhor condução de calor.

Mas as conquistas no campo dos instrumentos de cozimento não param nunca: entre os mais conhecidos está o Roner Digital Thermostat, uma espécie de banho-maria em saquinhos especiais a baixa temperatura (de 5 a 100ºC); uma vez retirada do saquinho, a carne deve ser salteada. A temperatura é controlada e a água mantida em movimento, para garantir uma temperatura idêntica em todo o recipiente. As vantagens são muitas: evita a perda de líquidos, que desidrata os alimentos (gelatinas, colágenos, proteínas...), intensificando os aromas; prolonga de maneira notável a duração dos alimentos que, portanto, podem ser preparados com boa antecedência. Sei que esse sistema de cozimento logo será superado, de tão rápida que é a intrusão (positiva) da ciência e da tecnologia na cozinha. Quem conhece o passado, porém, diz que o cozimento em baixa e prolongada temperatura lembra os antigos aquecedores a gás, em que as iguarias ficavam por muito tempo à espera das donas de casa que estavam no campo.

As panelas mais "tecnológicas" que conheço — e também as mais fáceis de usar — são as Zepter. À parte o aço, que transforma cada uma delas em objetos que podem ser deixados de herança, são dotadas de uma tampa "inteligente" que, entre várias funções, avisa se o assado estiver queimando.

Uma das mais recentes "new entries" da tecnologia na cozinha é o sonicador. A primeira vez que ouvi falar nisso, anos atrás, foi com o chef Daniel Facen, em seu restaurante Anteprima, na região de Bérgamo. Trata-se de um aparelho que permite emulsionar água e óleo, por exemplo, ou liquidificar sementes de tomate extraindo seu gosto de maneira perfeita e intensa. O sonicador modifica a estrutura das células implodindo-as e modificando a agregação inicial. Na prática, destrói as membranas celulares e pode chegar ao núcleo. Sempre de Facen, chega também a notícia do cozimento com ultrassom: ondas de alta frequência emitidas dentro de um recipiente com água, no qual se propagam uniformemente e sobem até a superfície, formando ondas de compressão e de descompressão, que dão origem a microbolhas, enquanto a temperatura sobe cerca de 5 a 6 graus. "De qualquer forma, tenho de afirmar que usando o ultrassom no cozimento de alimentos, temos pelo menos 30% a mais de sabor, em relação aos cozimentos utilizados até agora. Isso nos permite desfrutar melhor daquilo que a natureza nos oferece." E aí está o x da questão: a tecnologia não serve para assombrar o comensal, mas para ampliar as potencialidades de um ingrediente.

Mas quando estiverem lendo estas páginas, talvez esse método já pareça superado. Aquilo que era de vanguarda há cinco anos hoje é de uso cotidiano.

Em todo caso, uma boa porção da cozinha é química, e todo cozinheiro deve conhecer suas bases. Se não acreditam, saibam que é por causa de seus escassos conhecimentos de química que você nunca conseguiu fazer um suflê decente em toda a sua vida, que seu pão não fermentou devidamente e que seu bechamel encaroçou.

Um dos primeiros chefs italianos a nos demonstrar que a cozinha é química e física foi Ettore Bocchia. Em 2002, junto com Davide Cassi, Bocchia criava novas técnicas e receitas aplicando noções de química e física, reunidas mais tarde na "bíblia molecular", *O sorvete extemporâneo* (*Il gelato estemporaneo*). De suas experimentações nasceram as invenções da massa de lecitina de soja — massa fresca com ovos sem colesterol —, o linguado frito em uma mistura de açúcares fundidos, preservando sucos e aromas — prato legendário, ainda no cardápio —, o sorvete resfriado com azoto líquido — que não "congela" a boca, sem precisar fazer uso de não congelantes. E em 2005 Bocchia conquistou a estrela Michelin para o restaurante Mistral, situado dentro da Villa Serbelloni. Mas o que é, afinal, essa "cozinha molecular"? "É simplesmente o estudo daquilo que acontece com as moléculas que compõem um alimento e de sua transformação em todos os seus estágios: cozimento, resfriamento ou combinação", responde Bocchia, que está fazendo pesquisas sobre a inulina, um açúcar não dulcificante extraído da alface e de outros vegetais e que pode ser usado para substituir outras gorduras. Antes de Bocchia, o francês Hervé This era o mentor da "gastronomia molecular", a disciplina que estuda a cozinha do ponto de vista das reações físico-químicas.

Hoje, no entanto, mais do que de "cozinha molecular", prefere-se o termo "cozinha científica", pois "molecular" é um termo que, além de às vezes soar inquietante ou como modismo, está completamente ultrapassado. Sua origem remonta a um congresso realizado em Erice, em 1992, com o título de *Molecular and physical gastronomy*, cujo grande protagonista era o novo Prêmio Nobel de Física, Pierre Gilles De Genes. O objetivo do encontro, que continua a repetir-se com certa regularidade, era "legitimar" a cozinha junto à comunidade científica oficial: o alimento não deveria ser assunto apenas de tecnólogos, mas também dos profissionais das chamadas "ciências duras", como a física e a química, convidados a interagir no âmbito do congresso com cozinheiros e confeiteiros.

Sem ciência e tecnologia jamais teria nascido a chamada *cyberfood*. O astronauta Luca Parmitano levou ao espaço, a bordo da cápsula Soyuz TMA-09M, pratos italianos criados pelo chef Davide Scabin do Combal.zero, de Rivoli, incluído na lista dos *The World's 50 Best Restaurants*. Scabin estudou o cardápio para a tripulação desde o outono de 2011, criando pratos capazes de manter o gosto depois da desidratação e consequente reidratação. Os próprios astronautas escolheram os pratos em uma lista: lasanha à bolonhesa, uma berinjela à parmigiana termoestabilizada, risoto *al pesto*, caponata e tiramisù, perfeitamente comida reconfortante.

Dito isso, não basta comprar um sifão e fazer uma gelatina para parecer contemporâneo e macaquear os grandes chefs.

A TECNOLOGIA DEVE ADEQUAR-SE AO USO DO COZINHEIRO, QUE NÃO DEVE SE SUBMETER, MAS MOLDÁ-LA A SEU GOSTO, DOMINÁ-LA.
Um excesso de técnica ou a técnica como fim em si mesma não leva a nenhum resultado se faltam, por exemplo, bons ingredientes. É contraproducente o efeito causado pelos chefs estrelados que, para aparecer na televisão, teimam em dar receitas complicadíssimas para o telespectador que ainda está às voltas, na cozinha de casa, com um bom risoto. Os grandes chefs, à exceção dos raros casos em que ensinam pequenos truques — de técnica justamente —, para obter sucesso nas receitas ou para economizar tempo e dinheiro, não deveriam propor receitas que exigem meios tecnológicos de restaurante.

A diferença entre a alta cozinha e a cozinha doméstica é que a primeira oferece coisas que não podemos fazer em casa.

Além do mais, a técnica deve manter a magia para o cliente. A menos que ele peça expressamente, o cliente não quer nem precisa saber que o leitão é tão tenro por que ficou horas no Roner ou no forno Rational. Nem mesmo o crítico profissional quer saber disso no momento em que começa a descobrir a magia de degustar. Eu, por exemplo, fico irritada quando encontro detalhes técnicos descritos no cardápio. Por que arruinar a maravilha de um bocado delicioso revelando de antemão como foi obtido? Não revelem, a não ser que peçam, a técnica e a tecnologia que estão por trás de um prato. Já não dizia o filósofo que, "quanto menos conhecemos, mais nos apaixonamos"?

Mas para quem não é crítico profissional reconhecer as técnicas é tão fundamental quanto reconhecer a qualidade dos ingredientes. É uma coisa que se aprende aos poucos, fazendo mil perguntas aos amigos que trabalham com restaurantes, estudando e exercitando-se em campo. Tendo sempre em mente que a ciência está em contínua evolução e que aquilo que é uma lei hoje, pode não ser amanhã. Nada é para sempre. Aprendam algumas regras técnicas e científicas básicas: será útil para reconhecê-las nos pratos que terão de julgar. E estejam prontos para dispensá-las assim que se tornarem obsoletas ou quando estiver diante de um craque da alta cozinha: como todos sabem, os gênios subvertem as regras. Ótimas bases técnicas e mente aberta para as tecnologias são características imprescindíveis de uma boa cozinha, mas se o seu sonho é tornar-se um chef premiado ou se quer saber como julgar uma cozinha estrelada, é preciso mirar mais longe: e, assim, introduzimos a *Regra Número 3*: Gênio.

Certa noite, jantando com o chef Gennaro Esposito, mergulhei em uma série de *amarcord** culinário e, mesmo correndo o risco de parecer nostálgica, desafiei-o a preparar um menu completo apenas com a velha — e há tempos banida pela inspeção sanitária — panela de ferro. Uma daquelas panelas pesadas que antigamente nunca eram lavadas, que se tornavam antiaderentes graças a uma espessa camada de gordura e resíduos. Minha avó fazia de tudo em uma panela dessas, e suas fritadas eram capazes de ressuscitar os mortos. Alguns comensais me olharam com piedade, outros, com alívio. "De que serviram todas as descobertas destes últimos anos? O que aconteceria com a vanguarda culinária se todos fossem iguais a você?", ouvi objetarem. Tudo bem, mas para um jantar, só por uma noite, gostaria de ver alguns cozinheiros "titulados" em cena, munidos apenas de uma velha panela de ferro. Gennaro disse que sim, que aceitava o desafio. O chef Andrea Berton, também. Aceitam-se, aliás, outras candidaturas.

---

* No dialeto da Emilia-Romagna, *amarcord* é um contração de *"a m'arcord"* (*io mi ricordo* — eu me lembro), que ficou conhecida depois do filme de mesmo nome de Federico Fellini, de 1973, e que hoje se refere a uma sensação nostálgica em relação ao passado ou serve de introdução a uma série de lembranças. [*N. da T.*]

Intervalo. Do primeiro para o segundo nível.

Antes de falar do gênio, uma parada para uma precisão indispensável.

Lembram do camarão de Sanremo cozido demais e citado como exemplo de ignorância técnica? Pois bem, digamos que o cozinheiro resolveu investir, foi ao mercado de peixe e comprou apenas os melhores camarões, sem ligar para o preço, levou-os para casa e decidiu que queria respeitá-los, servindo-os apenas salteados na frigideira por 20 segundos, com pouquíssimo azeite de oliva perfumado de alho rosa e alecrim. Estamos diante de um prato que respondeu aos nossos dois primeiros requisitos, superando a prova da *Primeira* e da *Segunda Regra*: Ingredientes e Técnica.

Escolher ingredientes de boa qualidade e conhecer as técnicas de cozinha são os dois requisitos essenciais que fazem de você um cozinheiro; mas para ser um chef é preciso ter uma pontuação alta também nas outras *Regras*. (No entanto, ser dono de restaurante, ou seja, empresário, é outra história, que exige outras características: cozinheiros empreendedores no nível de Ducasse não são frequentes; mas nós também temos alguém que sabe "fazer contas" com poesia e se chama Davide Oldani.)

A palavra chef é uma forma reduzida de *chef de cuisine* [literalmente, "chefe de cozinha"]. Em francês, o termo é usado, geralmente, no sentido de patrão ou diretor, fato que muitas vezes cria certa confusão, por exemplo: no supercondecorado *Per Se*, de Thomas Keller, são chamados de "chef" todos aqueles que têm uma competência específica.

Nos restaurantes de alta cozinha, o chef constrói os pratos e o cardápio a partir de uma ideia, transmite aos cozinheiros-chefes e estes coordenam e dirigem os cozinheiros a eles subordinados. Nos restaurantes de certa dimensão, temos os cozinheiros e os ajudantes de cozinha. Quem trabalha em um restaurante ajudando o cozinheiro a preparar os legumes para a *ratatouille* não é um cozinheiro; quem inventa um novo recheio de ravióli depois de já ter confeccionado mais de 2 mil e ter feito uma dúzia de tentativas, talvez possa vir a sê-lo.

Se um restaurante recebe uma votação muito alta nas duas primeiras categorias (Ingredientes e Técnica), significa que estamos diante de um bom local, que pode ser indicado. Pode acontecer de que esse mesmo restaurante evolua para um nível superior, mas, às vezes, ao contrário, a passagem não acontece, e o local estaciona: ou se estabelece para o prazer de todos em uma boa votação ou volta atrás, perdendo pontos naquelas categorias. Um restaurante e uma cozinha podem evoluir e involuir mais ou menos rapidamente.

Um dos melhores exemplos de escalada, ou melhor, de transformação de uma cozinha de moldes familiares em cozinha de alto nível é El Celler De Can Roca, o restaurante dos irmãos Roca, em Girona. Sua mãe, Montserrat Fontané, 76 anos de imensa determinação, é cozinheira de um restaurante que fica a algumas centenas de metros do estabelecimento dos filhos. Foi lá que os três Roca aprenderam tudo, ensinados desde meninos a serem bons executantes. Hoje, El Celler pode se gabar de três estrelas Michelin e de ter galgado, em 2013, o primeiro lugar na lista dos Fifty Best, como o melhor restaurante do mundo, além de uma dezena de outros reconhecimentos. Eis o que escreve Joan Roca em seu livro *A cozinha de minha mãe*:

> Sempre gostei de ficar na cozinha. Muitas vezes, na volta da escola, ia ajudar na cozinha do Can Roca. Naquela época, não fechávamos nunca e, de tarde, depois de servir o almoço, ainda havia muita coisa a fazer, pois tínhamos de preparar todos os dias algumas receitas para o resto da semana e outras para o cardápio do dia seguinte.
>
> Lembro que na segunda-feira preparávamos as almôndegas para a *escudella*. Em uma tigela grande temperávamos a carne com sal, pimenta-do-reino, alho e salsa picada, ovos e um pouco de miolo de pão molhado no leite. Misturávamos todos os ingredientes com um garfo e, junto com minha avó Angeleta, fazíamos pequenas almôndegas no formato de bola de rugby.
>
> Terça de tarde era dia de fazer os *botifarres*. Moíamos a carne de porco em uma máquina manual e, depois de temperar com sal e pimenta, fazíamos o embutido. Gostava de lidar com a máquina, sobretudo na hora de encher a linguiça: com uma das mãos acionava a máquina, em um ritmo constante, com a outra controlava se a tripa estava sendo enchida corretamente.
>
> Quarta à tarde era a vez do *sofregit*. Descascávamos e picávamos dois sacos de cebolas e botávamos para cozinhar em fogo lento. Começávamos de tarde e deixávamos a noite inteira e o dia seguinte, devagarinho, em fogo muito baixo, para que a cebola ficasse bem macia. Depois acrescentávamos o tomate, e deixávamos cozinhar mais.
>
> Na quinta, enrolávamos os canelones. Muitas vezes, no domingo de tardinha não sobrava sequer um.
>
> A sexta era dedicada aos *flans* e aos cremes: era o dia em que a cozinha ficava mais cheirosa. Lembro perfeitamente daquele aroma de canela e casca de limão que tomava conta de tudo.
>
> Sábado de manhã era dia de mercado, eu acompanhava meu pai à *plaça del Lleó*. Era uma das coisas que eu mais gostava, pois

girávamos no meio de uma espetacular explosão de cores e cheiros diversos, segundo a estação, mas sempre extraordinariamente intensos. Seguindo a lista organizada por minha mãe, fazíamos primeiro um passeio de reconhecimento. Depois de identificar os melhores produtos, meu pai começava a discutir o preço, e sempre conseguia um valor menor que o inicial. Era uma espécie de ritual que ambas as partes seguiam de bom grado.

Domingo era o dia mais cansativo. Ajudava preparar os *calamars a la romana*, os refogados para os guisados e, como nosso forno não era suficientemente grande, carregávamos os tabuleiros de canelones no carro de meu pai, um Simca 1200, e íamos cozinhar no padeiro da cidade, Pelayo.

Um dos maiores restaurantes do mundo começou assim: uma grande mãe na cozinha, um grande pai no mercado e os filhos atentos à técnica.

Vamos recapitular: no primeiro nível está o *ajudante*, aquele que auxilia o cozinheiro e o chef, executando apenas algumas fases técnicas, mas que não tem a responsabilidade de criar um prato, tampouco de realizá-lo do início ao fim; ele executa — ou executa os elementos que o compõem — exatamente como lhe disseram. Também o *cozinheiro* deve ser, sobretudo, um bom executante, mas em relação ao ajudante é aquele que tem funções diretivas; tem a missão de prover a cozinha de ingredientes e de transformá-los em um prato acabado, fazendo as contas baterem. Tem o dever de saber executar um risoto, um assado, uma maionese, um creme inglês ou um clube sanduíche com perfeição; deve cozinhá-los com constância para obter sempre o mesmo resultado e, eventualmente, variar as receitas tradicionais com toques pessoais, mas nunca invasivos. Por fim, no último estágio, temos o chef, que possui todos os dotes de um cozinheiro executivo. Dele se espera que escolha boas matérias e conheça as técnicas, mas também um pouco mais que isso. Queremos que nos emocione, que nos faça descobrir que por trás de cada prato há uma ideia sua; sua tarefa é materializá-la em um espaço e no alimento que a represente coerentemente.

Quem encontra em um restaurante a mais incrível *parmigiana* de berinjela que já comeu na vida; quem acha a tempura perfeita; quem topa com a *tagliatella* mais porosa e firme ou quem descobre a torta de maçãs mais perfumada justamente no seu hotel de sempre é uma criatura de sorte, mas não se trata de nenhum milagre: as pessoas que preparam esses pratos são cozinheiros, às vezes ótimos cozinheiros. Os restaurantes que gerenciam correspondem a 70% do panorama internacional. Muitos desfrutam de um merecido sucesso e podem ser *trattorie*, às vezes, pizzarias, ótimos bistrôs ou *business restaurant*, que conseguem obter notas altas dos visitantes e dos guias pelo simples fato de respeitarem, sobretudo, as duas primeiras *Regras*. Quem encontra um bom restaurante onde elas são respeitadas, deve pensar consigo na hora da saída: "Vou voltar amanhã".

Se a maior parte dos restaurantes do mundo usasse bons ingredientes, aplicassem as técnicas certas e cobrassem o preço devido, já seria maravilhoso. Portanto, vamos reavaliar e elogiar os bons cozinheiros, encorajá-los a seguir essa linha-mestra. Os bons executantes e os futuros cozinheiros representam o núcleo duro do futuro e devem ser protegidos a qualquer custo. Lembram da epidemia de sifões e gelatinas dos anos 1990, depois do *boom* do chef espanhol Adrià (ele sim, pode ser definido assim)? Como teria gostado, naquela época, de topar com uma boa *carbonara*, um minestrone à genovesa, umas *tapas* de enchova ou uma bela *crema catalana*! Que nada: sopros, esferas, gelificações, purês etc. Passagens fundamentais, claro está, e seja bem-vinda a vanguarda, mas melhor deixá-la nas mãos de quem consegue extrair alguma coisa de épico dos experimentos. Repito meu conselho mais difuso, útil também para quem gosta de receber em casa: experimentos nos bastidores, aos comensais os pratos aprovados. Infelizmente, os gênios são poucos. Adrià tem a centelha do gênio. Eles e seus comandados descobriram um novo alfabeto da cozinha. Depois de Adrià, chegaram os novos cantores de sua poética, que escreveram e escreverão pratos inesquecíveis com esse alfabeto. René Redzepi se formou no El Bulli e, assim como ele, muitos chefs que possuem aquela pitada de genialidade e ocupam os primeiros lugares no mundo aprenderam a escrever com ele. Há que reconhecer o mérito de sua contribuição à culinária sem reduzi-lo a espumas e sifões: seria como reduzir Gualtiero Marchesi a seu risoto com a folha de ouro; seria como olhar uma obra de Picasso e dizer: "Ora, isso até eu fazia."

Agora estamos realmente prontos para introduzir a terceira regra.

Regra Número 3: Gênio

A capacidade de transformar o passado em algo de novo, encontrando novos caminhos.

"Procurar lenta, humilde e constantemente expressar, tornar a extrair da terra bruta ou do que dela procede, do som, da forma e da cor, que são as portas da prisão da nossa alma, uma imagem da beleza que chegamos a apreender."

Esta é uma das minhas definições preferidas de "gênio". Foi escrita por um senhor chamado James Joyce.

Para Harold Bloom, o mais famoso e influente crítico literário americano, "O gênio é aquele que produz obras destinadas à imortalidade". Para o cáustico escritor americano Ambrose Bierce, "Um autor popular é aquele que escreve o que as pessoas pensam. O gênio as convida a pensar algo diverso". Para Horácio é "o Deus da natureza humana", para Kant, a síntese feliz de imaginação e intelecto, espontaneidade e regras não escritas. Para Schopenhauer, o gênio é primo da loucura, o único estado capaz de afastá-lo da vontade de viver. Segundo Nietzsche, o tema da genialidade artística coincide com a origem do "apolíneo", o impulso vital que permite ao homem superar o tédio e o desgosto da vida cotidiana. Falamos aqui dos cozinheiros e de suas pequenas obras efêmeras, que terão no máximo uns 30 minutos de vida, mas que nos levam ao Olimpo da arte culinária ou, segundo alguns, do sublime artesanato.

SE EXISTE GÊNIO EM UM RESTAURANTE, ELE DEVERIA DAR SINAIS DE VIDA DESDE O PRIMEIRO CONTATO COM O CARDÁPIO. A CONFIRMAÇÃO VIRIA COM O PRIMEIRO PRATO. E NÃO É GARANTIDO QUE O PEQUENO MILAGRE SE RENOVE A CADA PRATO.

Gênio é o lampejo da intuição que explode no intelecto. É a semente da ideia que ganha corpo, é o pensamento interior, cujos detalhes ainda não foram delineados. É a capacidade de pensar de modo simultâneo. É um estado alcançável apenas raramente, e requer grande maturidade e experiência.

Se o prato que temos diante de nós passou pelo exame das duas primeiras regras com ótimas avaliações, chegou a hora de perguntar: esse chef soube dar também uma pitada de estilo pessoal e de gênio a seu restaurante? Há originalidade, imaginação nessa cozinha? Seria realmente pérfida se usasse como parâmetro a definição de Bloom: ninguém se salvaria. Antes de tudo, creio que o gênio da culinária sabe percorrer novos caminhos com criatividade, inventiva e estilo pessoal.

Somente alguns poucos chefs possuem o gênio absoluto; a imortalidade é para poucos e a rubrica "gênio" na Tabela de avaliação exibirá sempre conceitos baixíssimos. Mas o gênio também pode se manifestar em doses diversas, do córrego ao rio mais caudaloso.

Cada vez que identificar alguém que sabe mudar as perspectivas, abrir novos caminhos, alguém que ousa, que vai contra as regras, que provoca, que faz refletir com um novo prato ou com uma impostação original da cozinha ou do local, você estará diante de um toque de genialidade. É possível distinguir esse toque de gênio mesmo em um jovem em seus primeiros passos, às voltas com um patrão mão-fechada na hora das compras, em um jovem confeiteiro, em uma ótima ajudante de padeiro, no meio de uma equipe numerosa. Aprender a reconhecer esse toque de gênio que habita em algumas pessoas fará de você uma pessoa mais sensível de qualquer ponto de vista. Se Bloom diz que a vitalidade é a medida do gênio literário, faço eco às suas palavras dizendo que "a pesquisa é a medida do gênio na cozinha". A estagnação, a repetitividade da criação gastronômica é contrária a qualquer presença da genialidade. Em gastronomia, gênio e pesquisa caminham juntos, pois pesquisa é movimento e a evolução é inerente à sua expressão.

Um gênio da culinária deve ter personalidade, mas, ao mesmo tempo, deve confrontar-se, movimentar-se, experimentar e até se inspirar em outros chefs contemporâneos ou do passado. Há chefs que não gostam de frequentar os restaurantes dos colegas famosos por medo de que alguém pense que estão copiando. É um equívoco: só quem não está seguro do próprio desempenho tem medo de buscar inspiração frequentando outros restaurantes. Um cozinheiro copia e ponto final, um chef molha o pincel naquilo que prova para criar novos mundos. Como diz Ralph Waldo Emerson: "Só um inventor sabe como tomar emprestado."

É tão fundamental para qualquer artesão seguir as regras e técnicas quanto ir além das regras e cânones é essencial para o gênio. O artista deve gozar de absoluta liberdade criativa. É por isso que um chef realmente genial deve ter seu próprio local ou ter um mecenas que lhe dê condições de expressar-se livremente. O Nordic Food Lab é um laboratório situado no andar superior do restaurante Noma (Nordisk Mad), um dos restaurantes mais vanguardistas dos últimos anos, dirigido por René Redzepi. Lá, uma equipe de cozinheiros tem como única missão inventar novos pratos em ritmo acelerado, sob a direção do chef, enquanto no andar de baixo desenvolve-se o serviço normal cotidiano. O mesmo fazem Adrià, o nosso

Mestre Marchesi, Blumenthal, Ducasse e assim por diante: grande parte de sua atividade consiste em investir na pesquisa de novas criações

A PESQUISA SE ALIMENTA DE GÊNIO E O GÊNIO SE ALIMENTA DE PESQUISA.

Alguns exemplos de genialidade do Noma? Frutas do bosque e rosas: pequenas esferas de groselha perfumadas e crocantes fechadas em uma espécie de membrana, como uma pétala de rosa. Ao se romper, a membrana libera um suco agridoce com sabor de groselha. Impossível aplicar o método da comparação, pois não se encontra nada semelhante em nenhuma outra mesa no mundo. Este prato é único e, portanto, não pode ser comparado, é preciso confiar no próprio gosto e instinto de *homo restauranticus*.

O mesmo vale para os ovos de codorna marinados e defumados, outra *signature dish* de Redzepi, e para o modo como reinventou o Gammel Dansk, tradicional licor dinamarquês, redesenhando-o em um disco gelado feito de merengue de leite e suco de azedinha.

Reconhecer que alguns chefs possuem certo grau de gênio artístico pressupõe um conceito: a cozinha, a alta cozinha, é uma forma de arte.

O chef pode ser um artista? José de la Sota, um dos mais famosos críticos de arte espanhóis, não tem dúvidas: a cozinha não é arte. Ele disse isso claramente no *El País*, quando Adrià participou com seus pratos de importante exposição quinquenal de arte contemporânea na Alemanha. Como um produto tão efêmero quanto um prato pode ser definido como obra de arte? E não é arte também para Philippe Daverio: no máximo, um grande prato é a expressão de uma preciosa artesania, mas não arte.

Também acredito que um cozinheiro deve ser, antes de tudo, um ótimo artesão; mas o artista é, justamente, aquele que possui o *quid* de gênio que o diferencia. Como considerar artesanato o Magnum de *foie gras* de Massimo Bottura? A Ostra virtual ou o Cyber Egg de Davide Scabin? O arroz, ouro e açafrão de Guartiero Marchesi ou as Lentes de contato de Carlo Cracco, a Cebola caramelada de Davide Oldanio ou o Frango assado recheado de Alain Ducasse? Os Cornetti ao salmão de Thomas Keller ou o Risoto de alcaçuz de Massimiliano Aljmo?

É evidente que o fato de ser chef não transforma ninguém em artista necessariamente. Alguns são e devem permanecer artesãos. Nem todos os grandes chefs são habitados cotidianamente pelo gênio e nem todos os pratos o hospedam.

Durante uma entrevista com Gualtiero Marchesi, enquanto ele explicava o Dripping de peixe, uma homenagem ao pintor americano Jackson Pollock, que pintava usando a técnica do gotejamento (*Dripping*), entendi o que é o gênio. No prato, os diversos elementos cromáticos obtidos com diversos ingredientes — vermelho/tomate, verde/*pesto*, preto/tinta de siba — caem do alto sobre os moluscos, arranjados por sua vez em um leito de maionese muito leve. O resultado é um quadro de comer. Mas, cuidado, diz o Mestre: "Como na arte, temos os originais e as falsificações, nunca se deixe enganar por cores brilhantes e ouropéis se não correspondem a ingredientes e sabores de qualidade. Muitas cores juntas não fazem, necessariamente, uma bela comida."

E aqui o discurso se torna filosófico: "Portanto, para quem faz comida, o belo é o bom. Ou melhor, o belo puro é o verdadeiro bom. Não ando em busca de novas ideias, mas encontro-as sob a forma de intuições e interpretações", diz Marchesi.

Para Bloom, o gênio é aquele que possui "individualidade de raciocínio", senso do transcendente e originalidade, sobretudo. Aconselho, assim como o crítico literário americano, a colocar-se algumas perguntas toda vez que tiver a impressão de entrever a arte — Bloom que nos perdoe sua transposição para o mundo da comida. Antes de fazer sua avaliação, façam um par de perguntas: "Sua obra aumenta nossa consciência, de que modo? Independente do fato de ter me divertido, minha consciência se intensificou?" Se não for assim, você encontrou o talento, não o gênio.

Está pensando que não é fácil dar seu voto na rubrica "Gênio"? Vai ver que não é tanto assim.

Para começar, dê uma nota mais baixa a todos os bons cozinheiros executantes, às cadeias de restaurantes e aos bistrôs nos quais comeu bem e que talvez tenham tido um conceito bem alto nas outras categorias.

Em geral, use como parâmetro um grande chef cujo restaurante já visitou e a quem deu 8 ou 9 na rubrica "Gênio" (como Gualtiero Marchesi, por exemplo): a partir dessa avaliação, julgue todos os outros.

Regra Número 4. Equilíbrio/Harmonia

A sensação de harmonia consigo mesmo e com o mundo durante a experiência culinária.

Pensei longamente sobre o título desta regra, se deveria ser "equilíbrio" ou "harmonia". Aplicados à gastronomia, ambos estão um pouco inflacionados: não há um crítico gastronômico que não se desmanche em elogios ao equilíbrio como fim último de qualquer desejo no mundo. Mas vamos ver do que estamos falando exatamente quando falamos de equilíbrio.

O termo "equilíbrio" deriva de *aequus*, "igual", e *lybra*, "balança", e indica o estado de estabilidade de um corpo que, mesmo quando se move, conserva determinada disposição. Na natureza, tudo tende ao equilíbrio (a chamada "homeostasia"). É uma situação na qual nenhum elemento prevalece sobre os outros, mas ela contém em si a sombra da imobilidade. O que nem sempre é um valor, sobretudo na disciplina gastronômica.

"Harmonia" tem o significado original de "união, proporção, acordo". Concordância entre elementos diversos que provoca prazer. Para o filósofo grego Heráclito harmonia é a unificação das diversidades através da concordância de elementos em si discordantes, ou seja, através da contraposição de elementos contrários. Talvez a definição de um prato perfeito esteja toda aí: concordância na contraposição.

Juntos, harmonia e equilíbrio levam àquilo que defino como uma sensação de "completude dinâmica": diante de certos pratos, experimento a sensação de algo que tende para a perfeição, mantendo o equilíbrio.

Harmonia e equilíbrio são, também, a base dos cânones clássicos de beleza, onde "belo" também significa "bom" em sentido moral. Nenhuma outra civilização deu tanta importância à busca do belo e da harmonia, da beleza ideal e do perfeito acordo entre as partes quanto a Antiga Grécia. Traduzindo-se para a experiência gastronômica, um gourmet deveria perceber quando um prato ou um restaurante tem alguma coisa que não funciona, alguma coisa que desafina, exatamente como acontece no campo musical.

Para um restaurante médio, que visa a execução perfeita — onde "médio" não está para medíocre, mas para grau mais alto da cozinha doméstica —, o equilíbrio deve ser entendido como "não predomínio" de nenhum elemento.
Um bom prato não deve "desafinar" no paladar do gourmet.

Quando, ao contrário, se chega ao nível da alta cozinha ou da cozinha de vanguarda, o conceito de equilíbrio adquire um toque de nobreza, transforma-se em harmonia: recomposição das dissonâncias.
Se tivesse de contratar um cozinheiro, pediria que se submetesse a duas provas: preparar um jantar para dois utilizando apenas aquilo que encontrasse em uma geladeira caseira comum e preparar raviólis, tortelli e tortellini. É um verdadeiro teste de conhecimento de técnica, paladar e cultura. O ravióli, expressão mais alta da massa fresca e recheada, é o próprio

emblema do equilíbrio entre forma e conteúdo, entre dentro e fora. Convivência fragilíssima em que 1 milímetro a mais na espessura da folha da massa compromete a delicadeza de um recheio de robalo, em que um molho prepotente pode mortificar um recheio de ricota e ervas, quando um punhado de segundos a mais no cozimento pode arruinar um trabalho de horas. A espessura da massa deve ser funcional à sua presença: recolher e sustentar com graça um coágulo de sabor contido em seu interior.

Em uma mesa onde alguém tenha pedido raviólis, tente desafiar os comensais para uma competição culinária intitulada "Adivinhe o que tem dentro". Vai ver como é difícil e útil como exercício, seja para descobrir o que foi efetivamente usado no recheio, seja para julgar o quanto é bom. Claudio Sadler, meu professor de culinária, fez isso comigo 15 anos atrás.

A massa recheada é uma preparação antiga e nobre, que exige múltiplos talentos: selecionar as farinhas mais adequadas, fazer e abrir a massa, escolher o recheio, confeccionar os raviólis, cozinhar e temperar. Estas últimas são operações capazes de deixar até os mais experientes em dificuldade. Não é por nada que muitos pedem ajuda à cozinha doméstica de avós e mães, verdadeiras depositárias do "mistério do ravióli". Além disso, um verdadeiro cozinheiro, depois de apropriar-se destes segredos, deve acrescentar sua contribuição e demonstrar que está no caminho daquele equilíbrio dinâmico de que falamos no início do capítulo: basta um expediente aparentemente marginal, como a dimensão ou o condimento. Penso inevitavelmente nos minúsculos tortellini que Massimo Bottura enrola no dedo mindinho e serve com um leve creme de Parmigiano. Ele também aprendeu com as mulheres de sua família.

Se nos raviólis o equilíbrio deve se estabelecer, sobretudo, entre o dentro e o fora, no caso dos sanduíches e das lasanhas, aparentados pelo fato de serem comidos verticalmente, falar de equilíbrio tem a ver com matemática e proporção, não apenas no sentido das doses, mas também do ponto de vista visual: um simples olhar prenuncia se serão bons antes mesmo da primeira garfada, basta cortar e examinar a seção transversal.

Comecemos pelo sanduíche, do qual sou entusiástica defensora — o bom sanduíche não é, para mim, uma espécie de suplente do almoço, mas um verdadeiro prato, e até inventei a "fórmula do sanduíche perfeito". Partindo do princípio de que os ingredientes são de qualidade — embora nem sempre o sejam: tentem enfiar isso na cabeça dos milhões de titulares de bares e outros estabelecimentos que insistem em comprar mercadorias de segunda para enfiar no meio do pão —, o segredo do sanduíche perfeito está na proporção entre pão e recheio. Eis, então, a fórmula do sanduíche perfeito:

A espessura do recheio deve ser sempre pelo menos igual ou maior que a soma da espessura das duas fatias ou metades de pão.

Portanto, nota 0 para todos os sanduíches pegajosos e anêmicos que giram pelo mundo, um sonoro não aos presuntos ressequidos e queijos insossos, aos pães borrachudos e gigantescos recheados com milimétricas fatiazinhas de salame!

A esta fórmula acrescento apenas que qualquer sanduíche no mundo deve ter algum componente grasso ou, pelo menos, úmido. Se não for um molho, pode ser uma verdura que contenha alguma água, mas qualquer preparação que utilize duas fatias à base de cereal com algo comestível no meio terá de respeitar essas poucas leis. No entanto, nunca se viu leis tão ignoradas! Agora que conhecem as leis do sanduíche perfeito é hora da prática: meia-volta e mãos à obra.

Assim que uma lei se estabelece, qualquer teoria que se respeite começa a corrigi-la. Faça isso você também, mas a fórmula do sanduíche perfeito não muda substancialmente, a menos que se trate de ingredientes misteriosos e pouco conhecidos. Podem acreditar, será útil mesmo para quem estiver preparando um sanduíche de líquenes da tundra e carne-seca de foca. Encontrem um molho que combine com esta espécie vegetal, espalhe no pão de centeio e terá o seu sanduíche perfeito.

Vamos às lasanhas. Camadas de massa alternadas com ragu, molho bechamel e queijo ralado: parece simplicíssimo, mas é um dos pratos de execução mais complexa, justamente porque o sucesso depende de implacáveis e misteriosas — *ma non troppo* — leis do equilíbrio e das proporções. Observem uma porção de lasanha de lado, usando uma régua imaginária e calculem: massa grossa demais, pouco bechamel e ragu escasso. Ou massa fina demais, excesso de ragu, queijo ralado demais, bechamel em excesso. Em suma, são dezenas de combinações que podem atravancar seu caminho. E olhe que só apontamos duas. Naturalmente, como no caso do sanduíche, partimos do princípio de que centímetros e proporções devem, necessariamente, ter uma contrapartida gustativa. É óbvio que os sabores devem concordar ou contrastar, chocar ou acariciar o paladar (ou ambas as coisas), mas se você não respeitar equilíbrio e proporção, de nada adiantará ter feito compras de rei. Eis outro exemplo, que vivi pessoalmente.

Um amigo gourmet, generoso e talvez um pouco exibicionista, quis impressionar os seis convidados para um aperitivo muito chique em Chelsea, à base de caviar Almas Beluga. Desculpem o detalhe pouco elegante, mas custa algo assim como 30 mil euros o quilo. Trata-se de um tipo de caviar mais exclusivo, extraído de esturjões velhos que se tornam claros com a idade. Vem do mar Cáspio e, em geral, a embalagem é de ouro 24 quilates.

O cozinheiro berbere preparou minúsculos blinis e serviu esses crepes quentinhos e finos demais completamente submersos nas preciosas bolinhas. Nunca pensei que um dia pronunciaria esta frase: "Caviar demais!" Nenhum equilíbrio havia sido respeitado e uma das iguarias mais caras do mundo empastava-se com os blinis, anulando o surpreendente efeito "estalido no palato" próprio das bolinhas de caviar. Todos teríamos preferido comer às colheradas a vê-lo desperdiçado em uma pasta acinzentada. O equilíbrio é fundamental.

Vamos ver agora algumas situações em que o equilíbrio se transforma em harmonia.

Quem, senão um grande chef, ousaria reunir ostras e rins, que mais tarde, aliás, ele combinou também com ouriços-do-mar. Não é uma reunião casual. Carlo Cracco cruza, sobrepõe os sabores, mas não se trata, jamais, de uma simples adição, de um jogo de azar no campo da mistura de sabores múltiplos e contrastantes: o resultado é, justamente, a harmonia. Coisas diferentes que se encontram para desaguar em algo novo. Como diria Heráclito: unificação da diversidade por meio da concordância de elementos em si discordantes.

Segundo Toulouse-Lautrec, os profissionais da culinária deveriam ser "cozinheiros sem preconceitos e anárquicos que, na composição do prato, reconhecessem apenas a lei do equilíbrio, ditada pela natureza". Gosto desta definição de certo tipo de cozinheiro que reconhece a lei do equilíbrio, não ditada pela tecnologia ou pela lógica do espetacular, mas pela lei inscrita na própria natureza das coisas. Esta medida é arte, e só pode ser alcançada eliminando, corrigindo, atenuando. Arte é medida, cozinha é medida. Medida é, também, o governo do fogo: cozinhar significa cozer, conduzir e jamais se deixar "conduzir pelo demônio", como diz Gualtiero Marchesi. Encontrar o equilíbrio entre a intensidade da chama e a espessura da panela é próprio de um verdadeiro cozinheiro. Para o Mestre da cozinha italiana, um exemplo de harmonia é a *ratatouille*, para a qual cozinha, separadamente, todos os legumes, que reúne apenas no final. Ele a compara à realização de um mosaico no qual os vários vegetais, em vez de se confundirem entre si, são sempre reconhecíveis: inúmeras peças quadradas "deixadas" no prato, iguais em dimensão, mas que de garfada em garfada alcançam seu objetivo, misturando-se. "O prato é como uma partitura", explica Marchesi, apaixonado por música. "Brota dele uma melodia, feita de notas singulares, reconhecíveis uma a uma. Um prato bem-sucedido — e, acrescento, belo e bom — deixa-se ler em todos os seus ingredientes. Do contrário, tem alguma coisa que não vai bem. Algo excessivo que, segundo os casos, é fruto de um esnobismo e de uma interposição banal, oportunista ou simplesmente ignorante."

EQUILÍBRIO NÃO É SOMENTE O RESULTADO DE UM PRATO BEM-SUCEDIDO: É, TAMBÉM, A COERÊNCIA ENTRE FORMA E CONTEÚDO, ISTO É, A ESCOLHA DE SERVIR UM PRATO DE UM DETERMINADO MODO E EM DETERMINADA QUANTIDADE.
Isso vai deixar furiosos aqueles que amam as porções abundantes.

Uma das críticas mais difundidas entre aqueles que não entendem a alta cozinha é a revolta contra as porções reduzidas. É bem verdade que muitos "cozinheiros de meia-tigela" reduzem as porções na esperança de vender seu prato como uma criação. Mas, antes de mais nada, o tempo das porções minúsculas acabou: a maior parte dos chefs de alta cozinha organiza e propõe um cardápio com vários pequenos pratos. Tente pedir um menu degustação em um desses restaurantes: desafio qualquer um a comer tudo, do "boas-vindas do chef" ao docinho final. Também gosto de porções abundantes em certo tipo de receita, como polenta com carne assada, mas não se trata de um prato construído a partir de geometrias e cores elaboradas longamente na cabeça de algum chef e posteriormente partilhada e melhorada em um *brainstorm* com a equipe.

Sempre é bom distinguir entre a *trattoria* ou o restaurante onde um bom executante produz boa comida e onde o acabamento do prato não é um elemento significativo e aqueles onde, ao contrário, a modalidade de apresentação é expressão única daquele prato, no sentido em que a forma, as proporções, as cores, através das quais o chef decidiu expressar sua criação, são o único modo possível de realizar a ideia. São o próprio prato. Não há forma sem substância, e aqui a forma é conteúdo.

Penso, por exemplo, no *croccantino de foie gras* de Massimo Bottura, uma de suas *signature dishes*. O fato de que tenha resolvido colocar em um palito uma pequena porção de terrina de fígado de ganso cevado, marinada no saquê e no vinagre de arroz e, depois, no leite, de que tenha pensado em cavar em seu interior um coração de vinagre balsâmico de Modena e, depois, envolvê-lo em um granulado de avelãs redondas do Piemonte e amêndoas de Noto, faz do seu *croccantino* um prato conceitual, um prato por trás do qual há uma ideia. A ironia no ato de desdramatizar um ingrediente para voltar a ser criança, de imitar a aparência de um sorvete tomado em um passeio, o qual, surpreendentemente, revela ser um ingrediente nobre e caro como o *foie gras* é absolutamente genial — deveria, aliás, tê-lo incluído no capítulo dedicado ao gênio.

Mas, atenção: desconfiem de quem persegue a arquitetura do prato a qualquer preço. Já vi um jantar fracassar miseravelmente por causa da obsessão do cozinheiro em arranjar um normalíssimo minestrone de legumes — nobilíssimo, quando bem-feito — em forma de pirâmide. A forma não pode se transformar em obsessão, não pode, sozinha, substituir uma ideia; um sabor não pode transformar um prato banal em um prato-projeto. O chef escandinavo Jukka Välimäki, aluno de René Redzepi e representante da chamada *Renaissance boréale*, afirma que seu objetivo é uma espécie de cozinha franciscana, que mira tão somente a essência. Todo o supérfluo é descartado. Quem vai dizer isso a todos os cozinheiros que ainda hoje pulverizam seus pratos com salsinha, certos de que estão criando um acabamento?

Regra Número 5: Atmosfera

O conjunto dos detalhes que produz a vontade de dizer "sinto-me bem aqui".

Acontece comigo quando chego a uma cidade que não conheço. O aeroporto não me diz nada, às vezes nem mesmo a estação, pois são não lugares. O comércio e as publicidades tornam todos eles iguais e anônimos. Mas, saindo de lá, basta dobrar a esquina, basta sentir o ar que se respira e logo reconhecemos onde estamos, e resolvemos se gostamos ou não.

A atmosfera é parte do caráter de uma cidade, assim como de um restaurante.

Se esse caráter não aparece, já sabemos que vamos esquecer que estivemos lá, assim como esquecemos um restaurante que é desprovido de atmosfera, um lugar anônimo, igual a tantos outros.

"Quando chego a uma cidade vou sempre ao campanário mais alto, para ter uma visão de conjunto", diz Montesquieu. Entrando em um restaurante, eu me comporto como quando saio do aeroporto ou da estação e tento abraçar aquilo que me cerca em sua totalidade: não me concentro imediatamente nos quadros, nos móveis ou nas luzes. Primeiro, sinto o ar que se respira, ativo minhas antenas de animal de restaurante, *homo restauranticus*, e ouço o meu sexto sentido para captar sua energia. Existe uma espécie de *prana* dos restaurantes, cada um tem o seu. Esse termo sânscrito que significa "respiração" e "espírito" é aquilo que se percebe assim que se entra em um restaurante — ou em uma casa particular.

A ATMOSFERA É FEITA DE LUZES, DECORAÇÃO, GENTE, CHEIROS, SONS, SERVIÇO, ALÉM DE UM NÃO-SEI-O-QUÊ IMPOSSÍVEL DE EXPLICAR.

Algo de impalpável, algo que, se for definido... morre. Com treinamento, é possível desenvolver esse sexto sentido para perceber imediatamente, logo na entrada, a *atmosfera* de um restaurante. Com um pouco de exercício, você verá que sua sensibilidade fica mais apurada, mesmo na vida cotidiana.

Iluminação, decoração, pessoas, cheiros, sons, serviço: tenha estes quesitos em mente, pois são os pontos a avaliar para dar sua nota nessa categoria. Mas, atenção: a atmosfera é, entre as *sete regras*, a mais sujeita a condicionamentos individuais. Iluminação, decoração, pessoas, cheiros, sons e serviço sofrem, mais que as percepções gustativas, o peso da subjetividade.

Falei antes em caráter: o segredo está justamente aí. Sabe quando lhe apresentam alguém, todos jantam juntos e no dia seguinte você já esqueceu seu rosto e seu nome? Pois bem, um dono de restaurante e um chef devem trabalhar para que isso não aconteça com eles. Um lugar ou um jantar precisam ter caráter, personalidade. Devemos perceber e tentar quantificar precisamente a presença ou a ausência de caráter e avaliá-la com notas de 1 a 10.

Meu filho de 16 anos concluiu que, sendo assim, as *sete regras* não seriam aplicáveis ao McDonald's, "porque lá não existe atmosfera". Quem disse que não? Fomos juntos e preenchemos a Tabela de avaliação das *sete regras* sentados diante de um wrap de frango. Na hora de dar a nota no quesito Atmosfera, olhei para ele, que disse: "Para mim, a atmosfera aqui é perfeita, me sinto bem, portanto, o local tem uma personalidade. Meu voto é regular." Podemos concordar ou não, mas o importante em um lugar ou em um jantar é reconhecer sua coerência. Mesmo uma grande cadeia de restaurantes pode pretender uma aprovação na categoria Atmosfera se apresenta coerência entre decoração, cozinha e caráter. McDonald's é coerente. Só não vou contar qual foi a nossa nota final.

UM RESTAURANTE DEVE, ACIMA DE QUALQUER COISA, SER COERENTE.
Se entro em um restaurante que serve lasanhas, com toalha xadrez, grissini industrializados com a marca bem à vista e saleiro na mesa, não seria coerente encontrar um garçom de luvas brancas ou um prato retangular — a propósito: Deus nos livre deles! Se estou em um restaurante de alta cozinha, até uma minúscula mancha no jaleco do *sommelier*, um pequeno amassado na toalha ou um pingo de molho na beira do prato são notas destoantes.

Mas não há nada pior do que sentar em um restaurante, respirar o ar ambiente e, sobretudo, perceber os indícios da iluminação, da decoração, das pessoas, dos cheiros e sons e do serviço e depois ver chegar um cardápio completamente deslocado, diverso de tudo o que se podia esperar com base em outros indícios. Em suma, a primeira verdadeira coerência deve nascer entre o chef e o local — digo local porque engloba todos os tipos: *trattorie*, cervejarias, lanchonetes, bistrôs e até restaurantes de vinte lugares. A regra vale para todo e qualquer local público.

Quando vou a um restaurante por prazer, não a trabalho, e resolvo não manter o anonimato, acabo, muitas vezes, conversando com o proprietário ou com o cozinheiro sobre o cardápio ou a carta de vinhos (a propósito: por "cardápio" entendo tudo aquilo que o cozinheiro propõe, enquanto "menu" — sem acento, por favor — designa uma série de pratos escolhidos segundo uma coerência bem precisa), e faço o jogo do *Onde está o intruso*. Explicando:

Pode ser jogado toda vez que for a um restaurante ou a um jantar na casa de amigos: pode ser um quadro, os talheres, um copo destoante, uma tapeçaria ou, pior, o cardápio do restaurante ou o menu proposto pelo amigo. Depois de resolver que identidade deve ter o seu restaurante, é preciso ser fiel a isso até (quase) a morte. Escolheu uma cozinha regional piemontesa? Então, o que faz este filé de robalo ao sal grosso no mesmo cardápio que os raviólis *del plin* e que a bochecha de vitela? Quer, ao contrário, que todo mundo conheça seu pequeno restaurante pelo peixe fresco pescado com anzol? Então, para que enfiar o chili de carne no cardápio? Quer criar uma atmosfera oriental? Trate de riscar imediatamente a costeleta à milanesa. Para ser coerente é preciso ter coragem. A crise econômica só piorou a situação: donos de restaurantes desesperados não querem perder nenhum cliente vegetariano, ou carnívoro, ou amante de sushi, e por isso enfiam de tudo no cardápio. A propósito: desconfiem de um cardápio com mais de duas dezenas de pratos. Se não houver uma equipe numerosa na cozinha, é de se perguntar como tudo aquilo pode ser fresco e feito na hora (ver a *Regra Número 1: Ingredientes*).

O "jogo do intruso", aplicado à decoração e à mesa é fácil. Quadros de qualidade são caros: melhor escolher fotografias ou estampas. Qualquer coisa é melhor que desenhos dos filhos, aquarelas da esposa, velhos pôsteres, telas da sogra e assim por diante. Há um restaurante maravilhoso em Milão que fez história na gastronomia italiana e milanesa; tenho informação certa de que clientes fiéis deixaram de frequentá-lo depois que resolveram pendurar na parede umas inquietantes pinturas de 4 x 2 metros.

Mas falemos da ILUMINAÇÃO. Sempre me perguntei por que até os proprietários mais... "iluminados" negligenciam a iluminação de seus restaurantes. Para dizer a verdade, não subestimam o objeto produtor de luz em si, mas sua relevância no sucesso de um jantar. Bem ao contrário, esse quesito consome uma bela fatia do orçamento de "decoração" em lustres entronizados no centro da sala, apliques dos mais variados tipos, luminárias de chão ou mesa. Podemos dizer que a atenção se volta antes para a estética do que para a funcionalidade; em geral, uma prerrogativa dos arquitetos. E, no entanto, iluminação é tudo! É ela quem diz, assim que se cruza a porta, se aquele lugar é perfeito para levar a família ou a amante, é ela quem transforma o melhor dos cortes bovinos em um bolo acinzentado ou a mais banal das sobremesas em uma nuvem atraente. Cabe a nós descobrir se a penumbra é um expediente desajeitado do proprietário para dar um toque romântico à sala ou uma astúcia para esconder manchas nas paredes que necessitam urgentemente de pintura.

A iluminação nos restaurantes é como a boia para os marinheiros: ela indica o que há por baixo. Cada vez se aceita menos a ideia de comer na penumbra, com raríssimas exceções, como em uma praia ou em uma outra situação tão extraordinária que justifique o incômodo. Não fica bem ter de afastar o cardápio denunciando uma incipiente presbiopia, nem aproximá-lo do nariz, como quem ajeita um par de óculos. Óculos que, às vezes, não queremos tirar da bolsa, sobretudo nós, senhoras em vias de segundo marido. A única vez em que vi uma bandeja que exibia uma bela amostra de óculos de grau à disposição dos clientes foi em Brianza, no Devero

Hotel: uma boa ideia do chef Enrico Bartolino. Mas, por favor, não me venham com o filme de horror que são os salões iluminados de baixo para cima, deformando e envelhecendo irremediavelmente qualquer frequentador.

Também não são nada agradáveis as lâmpadas fluorescentes de certos restaurantezinhos que, sob o signo da economia, fazem seus clientes parecerem doentes do fígado, ou ainda os faróis de interrogatório policial que podem transformar qualquer restaurante em um refeitório de alojamento de desabrigados. É claro que nem todos podem se permitir uma iluminação com assinatura famosa: no Le Calandre, os Alajmo escolheram o designer Davide Groppi, e a escolha foi a luz sobre a comida, sem reservas. A inspiração parte da forma perfeita do ovo que se ilumina e se multiplica em chuveiro sobre a mesa. Muito chique. Na Osteria Francescana de Luca Bottura, ao contrário, Groppi escolheu corpos iluminantes: a luz parece desprender-se do teto de quadros de madeira. Fabuloso e monumental é o estilo de Massimo Lunardon, designer e artesão do vidro, a face contemporânea de Murano. A luz, em suma, deve participar de um jogo estudado e modular-se no decorrer da noite. O sonho seria um local em que se atenua quando a maquiagem das senhoras começa a perder o viço e quando o nível etílico começa a subir.

Um restaurante deve dar a sensação de se estar em outro lugar, alhures no espaço ou no tempo. Deve fazer viajar usando os meios que tem à disposição: luzes, justamente, decoração, público, cheiros, sons e serviço.

Não quero mergulhar aqui nos meandros dos estilos de DECORAÇÃO, pois já fui bem clara no início quando falei de coerência. À guisa de ajuda, posso sugerir as perguntas que vocês devem fazer antes de preencher a Tabela de avaliação: "Estou me sentindo confortável neste lugar? Sobretudo: estou confortável nesta cadeira? O espaço que tenho à disposição permite que coma confortavelmente? Tem alguma coisa que me incomoda na sala: cheiros, sons, luzes?" Para facilitar sua vida na função mais imparcial possível de juiz, lembro que o luxo em um restaurante se manifesta em duas categorias: espaço e silêncio. Quem pode, paga por mesas amplas e silêncio.

PÚBLICO. Classificar a população de um restaurante com um olhar é um talento inato, mas que também se pode aprender. Antigamente, valia a máxima que diz que onde as celebridades comem, a cozinha é medíocre. Na Itália, ainda é parcialmente verdadeira, mas no exterior, não. O mundo da moda e da arte aculturou-se e já não é tão afetado pela síndrome da "folha de alface". Até as modelos converteram-se à cozinha gourmet, pois quem conhece a alta cozinha sabe que, na maior parte dos casos, é uma cozinha leve. Ainda existem os locais onde se vai para ver e ser visto, e se tiver de julgar um deles segundo as minhas *sete regras*, devem verificar se ele é coerente com seus frequentadores.

Em diversas entrevistas declarei que a primeira coisa que me incomoda em um restaurante é sentir, já na entrada, CHEIRO de fritura ou, pior ainda, de peixe. É difícil que a cozinha consiga me compensar pela má figura inicial. Os únicos cheiros e perfumes que devemos sentir são os que só começamos a perceber quando o garçom se aproxima, e devem vir do prato que está trazendo para nós.

Uma das lembranças mais nítidas do passado é o perfume dos pratos no primeiro jantar no restaurante de Claudio Sadler, quase vinte anos atrás. Naquele momento, compreendi que o olfato seria um dos sentidos mais preciosos em meu trabalho. A *cloche*, aquela espécie de cúpula que cobre os pratos quando chegam à mesa e que serve para manter o calor e os aromas, anda meio esquecida, mas o momento em que é retirada diante dos comensais ainda é um dos rituais mais cativantes na culinária.

Nenhuma piedade pelos locais de luxo que subestimam coifas e exaustores e, ao contrário, um pouco mais de indulgência com as melhores *friggitorie** da cidade, onde temos de nos conformar com o fato de que nosso casaco vai carregar sua lembrança por um bom tempo.

Banidos também aqueles terríveis desodorantes de ambiente que estão para os restaurantes assim como os sapatos de salto alto estão para a neve. Um local deve ter um cheiro bom, devemos sentir no ar o perfume de roupa lavada, de massa de bolo e de casa habitada. Algo de familiar, mas não muito íntimo.

SONS. Se estou comendo o melhor fish and chips do mundo — e por enquanto isso aconteceu no Baladin, em Milão —, não ligo, mas em geral não suporto restaurantes barulhentos demais. Todos se preocupam com os decibéis dos concertos e do ruído urbano, mas quem pensa nos pavilhões auriculares dos clientes de restaurante? Você finalmente conseguiu reservar uma mesa no restaurante mais desejado da cidade, chegou cedo para desfrutar da noite com alguns amigos, o garçom o acompanha com um sorriso até a mesa, a sala está semivazia, o ambiente é favorável e, por dentro, você pensa "Talvez possa conversar com Giovanni sobre aquele trabalho na Alsácia". Chegam os amigos, ocupam até as mesas vizinhas, esvaziam-se alguns copos e no prazo de meia hora a comunicação só é possível através da leitura labial. Sem contar os restaurantes que incluem na conta o acompanhamento musical. Os especialistas fixam em torno de 60 a 65

---

* Estabelecimentos que preparam e vendem apenas alimentos fritos. [*N. da T.*]

decibéis o limite de rumor além do qual se começa a sentir incômodo. Os locais barulhentos chegam a 78 a 80!

Uma solução é o isolamento acústico através, por exemplo, da forração do teto com materiais fonoabsorventes ou de painéis em materiais naturais e não poluentes como cortiça, lã de vidro ou lã de rocha, perfeitos também para dar, além do acústico, um efeito de isolamento térmico, talvez revestindo o espaço dos entressolhos. As vidraças, tão cenográficas em alguns restaurantes, também amplificam muito o ruído: é importante predispor sistemas antirruído ou coberturas, como cortinas. O mesmo vale para o piso, que pode ser coberto com tapetes, com tecidos ou, ainda, com madeira.

Nos Estados Unidos começaram a surgir restaurantes com uma "filosofia *off line*", onde nenhum tipo de conexão é bem-vindo e os celulares devem ficar tão escondidos quanto um charuto em uma creche. No Refettorio Simplicitas de Milão, que adotou um estilo franciscano e, portanto, tem o silêncio como regra, o salão é dotado de um medidor de decibéis sob o qual pende uma sineta dourada e uma folha de papel que recita: "Toque a sineta se precisar de mais silêncio."

O SERVIÇO é importante quesito da categoria Atmosfera. O verdadeiro poder de um homem se reconhece por sua capacidade de conseguir uma boa mesa no restaurante em voga em um dia de ponta. Obter uma boa mesa não é só questão de dinheiro, embora gorjetas fartas sejam de grande ajuda; é questão de construir relações privilegiadas com maîtres e com o restante do pessoal de serviço, paparicando-os como manda o figurino. Nos restaurantes de certo nível, é hábito manter uma mesa livre para tais emergências, quem sabe frisando bem aos olhos do retardatário o privilégio dos dois lugares desencavados assim do nada. O que é confirmado pelo colega Giles Coren em seu delicioso livro *How to eat out*.

O mais famoso crítico gastronômico inglês dedica um capítulo à importância de uma boa mesa e atribui relevante percentual do sucesso de uma noitada à sua localização. Foi relegado a um canto? Uma dúzia de casacos pendem bem em cima de sua cabeça, como uma espada de Dâmocles? A mesa fica ao lado da cozinha e você corre o risco de ser arrastado pelos garçons com suas bandejas? Está bem na frente da porta de entrada, correndo o risco de contrair uma pneumonia por causa da corrente de ar? Tem uma parede bem no seu nariz e a porta do banheiro ao lado?

Mais do que uma mesa ruim, a crítica de restaurantes do *Guardian*, Marina O'Loughlin, detesta garçons afáveis e expansivos demais. Joe Bastianich odeia cardápios plastificados, Ruth Reichl não suporta a diferença de tratamento entre um cliente e outro.

Eu detesto os restaurantes que chamo de "queria, mas não posso", administrados por patrões e cozinheiros com vaidade e presunção de alta cozinha, mas que, na verdade, não possuem nem os meios nem o talento para tentar a escalada e não dispõem nem de bons executantes. Entre as coisas que me indispõem com um restaurante — além da pouca qualidade da comida — estão o barulho excessivo, luzes ofuscantes, erros de ortografia em cardápios e menus, pratos com nomes ridículos ou longos demais, com um exagero de maiúsculas injustificadas.

O complexo e fascinante mundo dos garçons mereceria um livro só para ele. O verdadeiro garçom devoto e profissional não existe mais, à exceção dos restaurantes de alto nível. O ofício de servir é antecipação. Antecipação dos desejos do cliente, que jamais precisariam se transformar em pedido verbal.

Observem se a presença do garçom é pautada pela ausência ou por uma invasão excessiva de seu espaço. A pergunta é:

"Estou me sentindo oprimido ou abandonado pelo pessoal de serviço?" Nas cozinhas de alto nível fala-se em "bolha". Cada mesa estaria fechada dentro de uma bolha invisível e de extensão variável. O segredo é: o cliente deve se sentir bem-cuidado, mas não pressionado.

Talvez todo o capítulo dedicado à atmosfera pudesse ser resumido em algumas imagens de um grupo de pessoas em fase de treinamento antes da abertura do Per Se, um dos restaurantes de Thomas Keller, entre os melhores do mundo. Esse restaurante receberia nota máxima em Atmosfera. Nos meses que antecederam a abertura, o pessoal de serviço aprendeu a reconhecer dezenas de tipos diferentes de copos, o "nome das vacas que produzem o leite com o qual era feita a manteiga" e atenção para o detalhe: frequentaram um curso de danças do século XVIII. Servir e movimentar-se em certos restaurantes é como dançar, tem de aprender a ficar ereto e a fazer uma reverência. Phoebe Damrosch descreve tudo isso em um belo livro de título *Um menu de aventuras: como me tornei expert na arte de servir*, no qual narra sua experiência como garçonete bacharelanda no restaurante de Keller.

Não é o caso aqui de alongar-nos nos ditames do serviço perfeito. Quero apenas fornecer alguns pontos de partida para reflexão, que tornem mais fácil o julgamento final sobre esse quesito. Retomo o argumento dos dois temidos "T" mencionados no capítulo sobre Técnica: qualquer refeição, em casa de amigos ou em um restaurante, deve ser marcada pelo respeito aos tempos e temperaturas. Não canso de repetir uma velha máxima: na cozinha, 1 grama é 1 tonelada e um minuto, uma eternidade.

Uma refeição em que se passam mais de 15 minutos entre um prato e outro merece um conceito negativo. A digestão tem início 15 minutos depois da ingestão do alimento. Quantas vezes me acontece de perguntar "A comida estava boa?" a um amigo de bom paladar e ouvir a seguinte resposta: "Sim, mas o serviço era muito lento. Não volto mais."

E há algo errado em uma refeição em que os comensais recebem a entrada e os outros dois ficam olhando. Saber organizar os tempos na cozinha e no salão é um dever prioritário de um bom restaurante que não esteja em decadência.

O segundo T refere-se à "temperatura", do salão e do que é servido.

Comer em um local quente demais ou frio demais é um sofrimento.

A temperatura em que é servido tem enorme influência em todos os vinhos e pratos, seja ele um minestrone à genovesa ou um prato complexo de um chef estrelado.

A simples sabedoria de manter os pratos aquecidos no forno (em um jantar entre amigos) ou no aquecedor de pratos parece desconhecida pela maior parte dos cozinheiros.

Até os milhares de livros de receitas que invadem as livrarias ignoram, muitíssimas vezes, as indicações a respeito da temperatura na hora de servir. Nos restaurantes, sou perseguida por muçarelas geladas, cozidos mornos, semifrios com pedrinhas de gelo, sopas de legumes coaguladas, sorvetes liquefeitos, espumantes morninhos, fatias de salame escurecidas e suadas e assim por diante.

A adega é importante ponto na avaliação geral de um restaurante, e cabe bem nesta categoria. Uma das coisas que não suporto em um restaurante com certas pretensões é, depois de escolher um vinho, ouvir dizerem: "Infelizmente, acabou." Um restaurante — e não uma *trattoria* — deve manter a carta de vinhos sempre atualizada.

Meu restaurante preferido tem uma lista de pratos curta e uma carta de vinhos longa. Devem ser inversamente proporcionais. Desconfiem de um *sommelier* que diz "Pode deixar comigo" e aparece com uma garrafa de 200 euros, assim como do proprietário que manda para a mesa uma garrafa já aberta.

Os direitos do cliente

Não existe nenhuma carta dos direitos do comensal, tampouco dos cozinheiros. Reina sozinho um grande princípio universal, válido para qualquer local público: o cliente sempre tem razão. Não estou propriamente de acordo, e este livro tem a aspiração de desempenhar também a função de sugerir como ser um cliente mais responsável em suas avaliações e um cozinheiro mais respeitoso de seus clientes.

Um amigo advogado e gourmet de Crema redigiu um "Decálogo dos direitos do comensal", do qual cito alguns itens:

Se o cliente está em clima de romance, transformar-se, caso necessário, em alcoviteiro ou hoteleiro.

Se um prato excelente não agrada, a culpa não é do cliente, mas do cozinheiro criativo e sonhador.

Jamais perturbar o relax do cliente: seria como meter o bedelho na intimidade de um casal clandestino.

Embora a cozinha seja uma atividade filosófica voltada para a felicidade alheia, faça o cliente acreditar que o cozinheiro é um modesto trabalhador manual.

Nunca olhar o cliente do alto, ele jamais perdoará.

A estes, creio que posso acrescentar mais um:

Devolver um prato é direito seu. Melhor dizendo, é um direito/dever. Se um profissional se equivoca, não deve ser pago: quando um prato sai errado, o cozinheiro ou o proprietário deviam fazer o mesmo.

Muitos anos atrás, durante a redação do meu primeiro livro com Sadler, *Menu per quattro stagioni*, Giuseppe Vaccarini, que cuidava da harmonização dos vinhos e ensinava em uma escola de hotelaria, costumava dizer que para ver se um prato é correto devemos perguntar ao garçom que vai servi-lo: "Você comeria isto?" O prato só pode ir para a mesa no caso de uma resposta afirmativa. Dizia também que um bom chef não controla apenas o que sai, mas, sobretudo, o que volta para a cozinha porque ficou no prato. Pois bem, fiz esta pergunta várias vezes ao garçom que me servia. A primeira vez foi em um restaurante milanês caríssimo e muito na moda, diante de uma entrada de camarões e molho de tupinambor. Fiz a pergunta e o prato voltou correndo para a cozinha, e nem dessa vez nem em qualquer outra em que fiz a pergunta aconteceu de responderem "Sim, comeria".

Quando concluir que um prato não está bom, é bom estar bem-preparado. Nunca dizer apenas "Não gostei" e ponto final, pois estará abrindo caminho para a subjetividade e para o gosto pessoal, e poderia ouvir uma resposta do tipo: "O senhor não gosta, mas eu, sim." Argumente, ao contrário, com muita educação e firmeza com pelo menos três elementos equivocados evidentes e indubitáveis. Primeiro, peça aos companheiros de mesa para provarem o prato em questão, para ter uma confirmação do seu parecer. Pergunte-se: o que exatamente não vai bem nesse espaguete com vôngoles? Por exemplo, cozido demais, cru, salgado, picante, mau cheiro? Seco demais, líquido, poucos vôngoles, tem areia? E assim por diante.

Geralmente, não devolvemos um prato por timidez ou preguiça. Por incapacidade. Mas deveríamos fazer isso. Fiquem sabendo que tudo o que for devolvido à cozinha será provado pelo cozinheiro e por seu representante. Talvez lhe roguem uma praga, mas seu gesto, se bem-motivado, servirá para melhorar a equipe e o prato em questão. E, naturalmente, em um restaurante sério, um prato que foi devolvido não será cobrado. Mas como já vi de tudo neste mundo...

E quando resolvemos economizar meses a fio para desfrutar de um jantar em um restaurante estrelado? Escolhemos com cuidado, reservamos com antecedência, acompanhamos o programa do chef na televisão e não vemos a hora de conhecê-lo, de perguntar se adivinhamos o ingrediente secreto de seu sauté de beterraba e miolos. Esperamos ansiosamente pelo fim do jantar e recalcamos o trauma da conta. Finalmente, chegou a hora de conhecer o chef. Constrangido, o maître informa que ele não está no momento. É chato admitir, mas quando resolvemos investir tempo e dinheiro em um jantar de autor e o autor não aparece, é desagradável.

Não quero reabrir aqui a velha polêmica que acompanhou Cracco e outros chefs à televisão, ou seja, longe das cozinhas. E também não é uma questão de "Come-se igualmente bem" mesmo que o chef-estrela não esteja na cozinha. É de se esperar que os pratos saiam perfeitos, pois antes de chegar à mesa foram repetidos à exaustão pela equipe; contudo, é humano que quem economizou para ir a um restaurante famoso fique aborrecido porque o chef em questão está em Singapura.

Tempos atrás li num blog culinário: "Ir a um estrelado e descobrir que a 'estrela' não está é como marcar uma consulta com Veronesi* e deparar com um substituto: mesmo assim, você pagaria a consulta?" É importante dizer que alguns cozinheiros, os verdadeiros Mestres, quase não cozinham mais. E fico feliz sabendo que Marchesi ou Ducasse não perdem seu

---

* Umberto Veronesi é um respeitadíssimo cirurgião italiano. [*N. da T.*]

tempo executando pratos. Prefiro que se dediquem a inventar novos pratos e difundir suas ideias sobre culinária pelo mundo. É verdade que um chef tem obrigação de dar vida a um estilo forte e de imprimi-lo a cada prato e a cada equipe, mas... tentem dar alguma justificativa quando quisermos conhecê-los pessoalmente. Portanto, acrescentemos à declaração dos direitos do cliente que:

Perguntar na hora de fazer a reserva se o cozinheiro estará na cozinha é um direito seu.

E encerro com um exemplo, que considero máximo, do verdadeiro significado de *accueil*, com a "frase símbolo" da hospitalidade absoluta. É pronunciada com um sorriso pelo marido de Nadia Santini, Antonio, ao receber os comensais na entrada do Pescatore, seu restaurante triestrelado no meio dos campos mantovanos: "Fizeram uma boa viagem?"

Regra Número 6: Projeto

Esconder por trás de um prato, de um local, a ideia de um projeto para o futuro.

O projeto é a alma da vida. É capaz de projetá-la adiante, para o futuro. "Lançar adiante" é seu significado etimológico. Perceber se existe um projeto por trás de um prato vai levá-lo para outra dimensão, muito além da simples experiência de ir ao restaurante. Ter um projeto é próprio dos fora de série, daqueles homens que usam o alimento para dizer coisas, para mudar a economia, para escrever a história da gastronomia. A exigência de Ego, o temidíssimo crítico que testa o restaurante de *Ratatouille* é: "Traga-me um prato que tenha perspectivas." Os defensores da *trattoria* poderão objetar: "Mas até o frango criado com milho que servem no Rosina tem um projeto!" Certo, mas temos uma escala de 0 a 10 justamente para avaliar esta categoria conforme nos parecer.

Perguntem-se: o que tenho diante de mim? Um cozinheiro que só pensa em fechar suas contas ou alguém que está dizendo, através de sua cozinha, alguma coisa sobre sua história e sua geografia?

O PEQUENO RESTAURANTE QUE OFERECE OS QUEIJOS DA QUEIJARIA EM FRENTE, ASSIM COMO O GRANDE CHEF QUE QUER AJUDAR SEU PAÍS A MELHORAR SEU DESTINO COM

UM PROJETO ALIMENTAR: EM AMBOS OS CASOS ESTAMOS DIANTE DE UM PEQUENO OU DE UM GRANDE PROJETO.
Quando falo de "Projeto" refiro-me a um conceito que oscila permanentemente entre passado e futuro, uma ponte entre uma ideia verbalizada e uma visão. Projetar significa analisar, administrar, oscilar entre ideias e fatos e, enfim, preparar um salto adiante. Um grande chef sabe enviar uma mensagem social por meio da comida, é capaz de comunicar sua própria visão de mundo e sua mensagem, visando melhorar o mundo ou sua própria aldeia. Alguns grandes chefs não consideram cozinhar apenas um ofício, mas também uma missão. Um chef que tem um projeto não pensa somente em enriquecer, mas em abrir novos caminhos para valorizar a própria terra e as próprias raízes culturais. O dinheiro, quando chega, é a justa recompensa.

Para realizar um projeto é preciso talento e disciplina: sem esses dois componentes não se faz nada. Naturalmente, não é necessário possuir capacidade de projetar ou gênio culinário para ser um bom cozinheiro. Como vimos, é um trabalho que pode ser feito em vários níveis. Ouvi frases como esta de dois ou três chefs famosos: "Dê-me cinco ótimos executantes aos quais ensinar como cortar verduras perfeitamente e será um sucesso; dê-me dois cozinheiros que pensam que são Adrià e minha cozinha irá por água abaixo." O simples fato de contar com cozinheiros confiáveis na equipe é considerado um luxo; foi o que Marchesi também me disse certa noite: "Não quero pequenos gênios, quero ótimos executantes, quero mãos e cérebros ligados que executem perfeitamente o que desejo."

Diferentemente do que faz um cozinheiro mercenário, um chef com um projeto tem a disciplina e a tenacidade necessárias para alcançar sua meta. Não existe melhor maneira de explicar o que estou querendo dizer do que contar algumas histórias.

JAMIE OLIVER é um cozinheiro inglês, nascido em 1975, em Clavering, cerca de 30 quilômetros ao sul de Cambridge, é autor de livros de culinária e tem um programa na televisão. A primeira vez que vi seu programa, muitos anos atrás, pensei comigo: "Esse rapaz vai longe." Era evidente que seu modo revolucionário de temperar a salada afundando a mão diretamente entre as folhas, seus pratos especialmente frescos e aquele toque de sensualidade limpa de bom rapaz tinham tudo para dar certo. Parece que começou exatamente como acontece nos filmes. Durante um programa ao vivo, ofereceu-se diante das câmeras para substituir o chef que tinha pego forte gripe. E logo ficou claro para todos que se tratava de um animal midiático, e não demorou para ter um programa seu. A câmera o acompanhava enquanto fazia as compras e voltava a seu minúsculo apartamento de solteiro, onde preparava pratos suculentos para os amigos na comuníssima cozinha de estudante sem dinheiro.

Jamie Oliver recebeu o *Most Excellent Order of the British Empire*, uma ordem de cavalaria instituída pelo rei George V em 4 de junho de 1917. É uma das condecorações mais importantes do Reino Unido. Pois bem, ele será lembrado na história inglesa não tanto por seus restaurantes, livros, programas, mas porque tinha um projeto, e acreditou nele.

Disse claramente ao ministro de Instrução inglês: "O paladar de nossas crianças é péssimo porque se come muito mal nas escolas. E crianças de péssimo paladar serão adultos de péssimo paladar: o círculo não se fecha nunca. Precisamos fazer alguma coisa para salvá-las."

Jamie percorre escolas, organiza encontros e debates, cursos de culinária, visita todo tipo de centros, lutando para que itens não saudáveis sejam eliminados dos cardápios escolares ingleses, baseando-se na equivalência "junk food = junk kids". Graças a ele, muitas escolas melhoraram a alimentação que oferecem.

É proprietário de uma cadeia de 29 restaurantes, um dos quais em Dubai e outro em Sidney, e não dá importância a estrelas. A cadeia se chama Jamie's Italian, pois toda a sua culinária é baseada no estilo italiano. (Pensando bem, também a cadeia de restaurantes de Nigella Lawson tem forte marca mediterrânea, mas ela não possui um restaurante. De resto, a própria Nigella diz que não é cozinheira e não tem, que se saiba, nenhum projeto social.)

Em 2002, Oliver destinou os lucros de seu primeiro restaurante, Fifty London, a jovens difíceis que buscavam uma segunda chance no trabalho com alimentação. Em Jamie's Kitchen (2002), investiu seu próprio dinheiro em um novo restaurante, onde o pessoal, treinado pessoalmente por ele, é composto por jovens desempregados, ex-usuários de drogas e ex-presidiários, rapazes e moças. O objetivo é transformá-los em cozinheiros de alto nível. Toda a organização, uma rede de restaurantes e cursos de formação, é administrada sem fins lucrativos.

Mas o verdadeiro salto aconteceu em 2005, com Jamie's School Dinners, outro reality que sacudiu o Reino Unido. Oliver mostrava a milhões de telespectadores a realidade, ou seja, crianças inglesas habituadas à *fast-food*, que vomitam quando têm de comer legumes, pois são desconhecidos para eles. Demonstrava que o custo da refeição de cada criança era de 37 pence [cerca de R$ 1,50]. O prato preferido das crianças eram os *turkey twizzlers*: carne moída de restos de peru modeladas em forma de espiral e frita. O objetivo é eliminá-los da merenda escolar. Depois de deixar a opinião pública inglesa em pânico, Oliver foi convidado a expor suas críticas a Tony Blair em pessoa, e o primeiro-ministro prometeu um aumento imediato do orçamento para alimentação. Foi o início de uma revolução. Algumas semanas depois, na campanha eleitoral, os três principais partidos inseriram a reforma da merenda escolar em seus programas.

Food Revolution Day: assim são chamadas as suas rebeliões a golpes de frutas e legumes que já têm um alcance mundial: 1250 eventos em 600 cidades e 74 países. Vendeu mais de uma dezena de milhões de livros em todo o mundo e seu patrimônio é avaliado em mais de 10 milhões de libras esterlinas. Ser um cozinheiro-projeto não significa recusar dinheiro e sucesso, significa reunir as próprias capacidades para um resultado que, além do lucro pessoal, cria também lucro coletivo. Muitos o contestam destacando exatamente sua riqueza, seus pratos medíocres e o fato de que tem ótimos agentes. Talvez seja verdade que muitos de seus programas e livros são resultado de um marketing excelente, e é verdade que alguns de seus livros veiculam a ideia de uma Itália um pouco caricatural que parece não existir de Roma para cima. Mas isso não anula o fato de que Oliver tem atrás de si uma ideia forte. A mim não incomoda que alguém fique rico travando o bom combate a favor de uma causa. Seu evangelho enuncia-se em três adjetivos aplicados ao substantivo "ingrediente": fresco, local, de estação. Simples, não? Pois parece sânscrito para os responsáveis pela merenda escolar e para os restaurantes de meio mundo.

Quando provei o primeiro prato de ALEX ATALA, o chef encontrava-se em Milão para o congresso *Identità Golose*. Havia cozinhado naquela noite junto com Andrea Berton: um dos melhores jantares de que já participei. Digo a verdade:

inicialmente, fiquei mais impressionada com sua beleza viril e seu fascínio (é considerado um dos trinta homens mais bonitos do Brasil), com sua inteligência e educação, do que com o sabor de sua cozinha. Mas, depois, chegou o primeiro prato à base de mandioca: um prato projetual.

Alex Atala, entre os primeiros chefs da classificação mundial, é considerado o melhor da América do Sul, o novo manancial da alta cozinha mundial, depois do vento frio do Norte e depois da Espanha. De uma família de origens palestinas, Atala ama profundamente a música, tanto que pode se vangloriar de uma carreira como DJ, e em seu currículo não falta nem uma adesão aos punks. Sua formação começa na escola de hotelaria de Namur, na Bélgica, e continua com Jean-Pierre Bruneau e Bernard Loiseau, no Côte d'Or, na Borgonha.

Atala demonstrou que fazer alta cozinha pode contribuir para ajudar a economia do próprio país. Em seu restaurante em São Paulo, o D.O.M., faz gastronomia brasileira em uma oficina de criatividade situada não muito longe das favelas. Talvez esta sua frase sintetize o significado da *Regra Número 6*: "Uma atitude individual em favor de uma coletividade."

Em mais de uma entrevista Atala declarou que pretende dar ao Brasil sua contribuição não apenas gastronômica, mas de "identidade e cultura", como também trazer "a floresta" para a cozinha. Muitos pensam na Amazônia como uma região pobre e selvagem; ele derruba preconceitos ao convidar a obter o melhor dela, isto é, uma natureza generosa de ingredientes únicos, dos peixes às plantas. Atala diz que experimenta de tudo em busca das combinações ideais. "Comi até turus", afirma, "um verme que se encontra no tronco das mangueiras. É sensacional."

Alterna as viagens de estudo à Amazônia com encontros com pequenas comunidades de pescadores, para transformar peixes comuns em pratos especiais e "sociais". Foi o que aconteceu com uma espécie de peixe fora do comércio, a agulha, de polpa muito delicada, que ele combina com um molho um pouco agressivo, que mistura limão, pedaços de peixe, aipo, pimenta não picante e cebola batidos no liquidificador: uma combinação com sabor de ceviche. O prato fica completo com lâminas de palmito pupunha, uma variedade de palmeira amazônica que traz uma sensação neutra à boca, gelo de rabanete, sal picante obtido a partir de algas e banana liofilizada para dar uma nota doce no final. O mesmo aconteceu com uma espécie particular de caramujo do mar que nem foi classificada, tanto que ainda não tem nome. Purgado em água, vinagre e sal por um dia, ele é cozido no vapor. Com algas, alface do mar, azeite, alho e sal, Atala cria um espuma de tangerina e lecitina de soja e, depois, reúne tudo.

O chef viaja 200 quilômetros de sua cidade para encontrar uma variedade de arroz negro que corria o risco de extinção ou para visitar as comunidades indígenas da Amazônia que produzem o tucupi, um molho amarelo extraído da mandioca, e a priprioca, raiz usada nas sobremesas, no lugar da baunilha. O resultado é um aroma que recorda vagamente a essência de *patchouli*, usado pelos hippies nos anos 1970.

"Usando esses produtos em meus cardápios ajudo essas comunidades a defender a autêntica cozinha brasileira". Ele demonstrou com sua cozinha que o modelo francês que impera no mundo da alta cozinha não é o único possível e digno de ser premiado.

Quer deixar uma marca no mundo, assim como o compositor Heitor Villa-Lobos que, no início do século passado, se dedicou a valorizar o patrimônio musical popular de seu país. "Ninguém fez tanto pelo Brasil, para dar-lhe identidade e cultura. Gostaria que meu trabalho tivesse a mesma consistência que o seu. Apostar na identidade e nos produtos brasileiros também significa fornecer nova fonte de renda a regiões e comunidades, contribuindo ativamente para a salvaguarda do meio ambiente: o *foie gras* não vale mais do que a mandioca." E por que desperdiçar o patrimônio de uma nação na qual se encontram mais de 70% da biodiversidade mundial de animais e plantas? Atala trata de recuperá-lo e servi-lo ao mundo em uma bandeja, antes que o desmatamento selvagem o destrua por completo. Cada prato de Atala é a voz de um pedacinho da Amazônia, que sem ele não teria eco.

E chegamos à Itália. Entre tantos excelentes cozinheiros e chefs escolhi MASSIMO BOTTURA, terceiro na lista dos *The World's 50 Best Restaurants* de 2014.

Criado em um universo feminino que lhe deu afeto e uma boa escola de paladar, Massimo Bottura, o coração da Osteria Francescana, de Modena, deveria ser advogado, mas não foi bem isso que aconteceu. O que Alex Atala faz por uma nação, Bottura faz pela sua região, por seu território: o Modenese.

A *Compressione di pasta e fagioli*, o *Bollito non bollito* e a *Variazione di Parmigiano Reggiano** são a *summa* contemporânea de séculos de culinária, reunidos em um pensamento comestível. Seu projeto ético mira, desde sempre, a divulgação e a valorização de um tecido de pequenas empresas artesanais. Depois do terremoto de 2012, Bottura empenhou-se no apoio ao lento processo de renascimento.

A tradição é, para Bottura, uma boa obsessão. É conhecida de todos a sua batalha, divulgada, com sua receita, no site

---

* Literalmente, Compressão de massa e feijões, Cozido não cozido e Variação de *Parmigiano Reggiano*. [*N. da T.*]

para apreciadores da boa culinária *Dissapore*, em prol do verdadeiro ragu de carne como se fazia e se faz na região Modenesa: não à carne moída, deve-se cozinhar grandes pedaços de carne e só cortá-los depois; não aos tomates, que são uma "descoberta" recentíssima da cozinha italiana; o mesmo vale para o alho e outras estranhas ervas aromáticas. No máximo, duas folhas de louro e um raminho de alecrim.

Salvar a ideia dos "tortellini feito em casa" e estar, ao mesmo tempo, entre os primeiros cinco chefs na classificação mundial poderia parecer contraditório, mas para ele a tradição não é resignação nostálgica e lástima pelos sabores perdidos: a cozinha clássica tradicional é lição pregnante de passado, é estímulo.

Para retratar Bottura não vou falar de seus últimos pratos, mas de um de seus clássicos. A *Compressione* é um copinho no qual o chef comprime psicanaliticamente a si mesmo junto com outra identidade, a do território. A receita é arranjada em camadas e, portanto, saboreia-se verticalmente: e, cuidado, a colherinha deve chegar até o fundo do copo. Como em um livro ou em uma sinfonia, as citações se sucedem, a partir da grande cozinha clássica francesa, com Joël Robucheon e Alain Ducasse: a primeira, com o crème royale, a segunda, com o *foie gras*. Durante a fase de experimentação, Bottura percebe que faltam os componentes ácidos e amargos e resolve tomar emprestado o radíquio da terra vêneta, assado com vinho tinto. E chega a hora de um toque modenês: a pancetta* suada lentamente na frigideira e esfumada com vinagre

---

* *Pancetta* (barriguinha, de *pancia*, barriga) é um tipo de toucinho (camada de gordura e carne subcutânea do porco) feito, como o nome diz, apenas com a parte do ventre do animal, sem o couro, levemente salgada, temperada e curada durante um mês. [*N. da T.*]

balsâmico, outro ingrediente símbolo. Acomodada a pancetta, precisamos de um carboidrato, exatamente como reza a versão clássica de massa e feijão [*pasta e fagioli*]. A massa transforma-se na crosta de Parmigiano Reggiano, símbolo da cozinha parcimoniosa das avós, como as madeleines de Proust. A crosta é cozida junto com os feijões e em seguida cortada finamente como aletria. Depois, mais uma camada de creme de feijão quente. Um ar de alecrim, clara remissão a Ferran Adrià, figura incisiva em sua vida profissional.

"O que é a *Compressione di pasta e fagioli?*", pergunta Bottura. "É claro, trata-se de uma viagem de Robuchon a Ferran Adrià, passando por minha avó." Temos aqui um Projeto.

Se quiserem me seguir, vou levá-los à África do Sul, para apresentar-lhes a versão feminina de Alex Atala: chama-se MARGOT JANSEN. Estamos em Franschhoeck, capital sul-africana dos gourmets, no biestrelado *The Tasting Room*, dentro de um luxuoso resort. Margot cozinha, ensina, sorri, busca novos ingredientes, transformando seu pequeno reino em um projeto. Aqui é possível ter aulas de culinária de todo tipo, passar um dia inteiro preparando diversos tipos de pães, alternados, nos momentos de espera, com a degustação de vinhos. Ainda jovem, Margot queria ser atriz — tem uma beleza inteligente, e isto não é um paradoxo —, e estava disposta a tudo para sê-lo, tanto que se tornou garçonete e ajudante de cozinha para garantir o próprio sustento. Foi aí que explodiu a paixão. A bem dizer, o mundo do teatro e o mundo da culinária têm muitos pontos em comum: entrar em cena toda noite, sempre com o máximo de concentração, para transmitir prazer; divertir alimentando o espírito e o corpo. No fundo, o ator e o cozinheiro buscam, ambos, o aplauso. Chef of the Year 2012, Jansen, holandesa de nascimento, tem uma obsessão: "Pratos banais, jamais, pois todo prato deve ter algo a dizer." Sua ambição é manter viva a curiosidade dos comensais com uma cozinha surpreendente, mágica, contemporânea. Toda a história se desenrola em torno dos arquétipos: terra, matéria-prima, etnias a salvar. "Aqui, a ligação com a terra é indissolúvel, mais do que em qualquer outro país do mundo. Minhas criações se alimentam de produtos africanos e estão em contínua evolução." Cada vez que descobre um novo ingrediente, trata de analisá-lo a fundo, para extrair dele todas as possíveis dimensões de sabor. Quando a conheci, estava trabalhando com o pequeno universo sensorial do buchu, conhecido também como buchó, uma planta endêmica da África do Sul que possui um característico aroma frutado concentradíssimo e um perfume que lembra a hortelã-pimenta, ambos muito persistentes, que Margot inseriu em diversos pratos.

"Acho que hoje o engajamento social é fundamental para um chef, sobretudo para quem, como eu, trabalha em um contexto social tão único e problemático como a África do Sul. No ano passado, um cliente do hotel fez a doação de uma bela quantia e resolvemos preparar refeições para as crianças de algumas aldeias vizinhas. Desde então, minha equipe e eu continuamos a fazer isso diariamente. Precisamos encontrar alguma coisa simples de cozinhar, mas extremamente nutritiva e prática de consumir. Inventamos um muffin supernutritivo, um verdadeiro concentrado de fibras e nutrientes preciosos. Tudo isso se transformou em um projeto de nome Isabelo. Esse projeto, nascido em minhas cozinhas em 2012, já preparou 300 mil refeições para as escolas de Franschhoek."

A cozinheira tem as pernas inchadas, veias varicosas e se chama MIRIAM LEONARDI. Está cansada, mas ainda cuida de um restaurante famoso, La Buca, em Zibello, uma *trattoria* naquele oásis da comida que é a província de Parma. Há cerca de quarenta anos, ela só precisa tocar um exemplar do rei dos salames com as mãos gordinhas e sentir seu perfume para adivinhar por quantos meses de cura no ar do Pó ele passou. Lembro de uma manhã de agosto, depois de uma noite de temporais que havia refrescado a temperatura. Desci, pois tinha dormido em um quarto ao lado da pousada. Estava com fome, como acontece na manhã seguinte de um jantar de comida saudável e fácil de digerir. Pensava em café, no máximo uma fatia daquele ciambellone* que se fazia antigamente com pouca manteiga e muita raspa de limão, e partir de carro para a cidade. Nada disso: com um ar cúmplice, Miriam apresenta suas tentações: "Nada de café. Vou te dar uma tacinha daquele vinho especial, pão e culatello. O momento certo para cortá-lo é quando tem perfume de violeta e não de nozes, aí já é tarde demais." Um bom culatello de 24 meses, um pão de massa dura, a "biova" e, depois, um copinho de vinho tinto doce e espumoso: foi o meu café da manhã.

Seu marido faz setecentos culatelli por ano, para delícia dos clientes que chegam — muitos vindos do além-mar — a esse pedacinho de terra localizado bem onde o Pó separa as províncias de Parma e Cremona. Desde 1897 vigora na *Buca* o matriarcado; os rituais da alimentação foram transmitidos por cinco gerações de mulheres, fazendo do restaurante não só uma meta gastronômica, mas um fragmento da história italiana. Tudo o que torna precioso o culatello independe da vontade humana: coisas impalpáveis como a umidade do grande rio, as névoas invernais e, sobretudo, a espécie de melancolia típi-

---

* Bolo simples, redondo, com um furo no centro, perfumado com baunilha e raspa de limão. [*N. da T.*].

ca dos crepúsculos padanos que, penetrando no precioso salame, lhe conferem nobres aromas. Esta *trattoria* não tem nenhuma estrela Michelin, mas tem seu pequeno projeto.

E outro despertar memorável também revela um projeto: um café da manhã às margens do Spey, em Elgin, num diminuto Bed&Breakfast: um salmão selvagem, manteiga salgada batida na noite anterior e pão de centeio podem, por alguns instantes, representar tudo o que você deseja na vida? Sim, mesmo tendo detestado aquelas férias na Escócia: depois de ter acostumado o paladar a salmões daquele nível nunca mais consegui apreciar os salmões de outras partes do mundo.

Terranima é o nome de uma osteria da Puglia dirigida por Piero Conte. O interior é uma reconstrução de um burgo apuliano, o cardápio muda de duas em duas semanas. Ele está sempre na cozinha, pois passa a vida buscando o melhor dos frutos e hortaliças da Puglia, as carnes, os produtores locais. O Fischetto di Torre Guaceto, Presidio Slow Food, é um tipo de tomate local que estava desaparecendo quando ele começou sua pequena batalha, assim como muitas queijarias em torno a Bari. Terranima é a essência da "pugliesidade".

Dei estes últimos exemplos para demonstrar que você pode ter um projeto em larga escala ou regional ou que envolva apenas a sua cidade ou o seu bairro. Não importa o valor econômico investido: o que conta é enxergar além daquilo que você serve, um pensamento elevado e sutil que ultrapassa o gosto, o preço, as calorias. A culinária não pode ser contada em cifras.

E, com isso, penso que deixei claro o que entendo por pequenos e grandes projetos por trás de pessoas e coisas.

Na hora de dar sua nota ao lado do quesito Projeto é importante não se deixar desviar pelo rosto daquele cozinheiro que talvez seja famoso só porque tem um programinha na televisão. Transformar o próprio restaurante ou um prato em uma mensagem para o mundo não equivale a ser rico, poderoso e popular. Pode acontecer, com certeza; muitas vezes, é até consequência disso. O projeto de aparecer na televisão para obter poder e dinheiro não é contemplado pelas minhas *sete regras*. Sendo um fim em si mesmo, não é um projeto que melhora o mundo. Em todo lugar, na Itália e no mundo, há vários projetos nascendo que não tenho como citar aqui: cozinheiros que trilham um caminho ético, pois acreditam realmente no que fazem, outros porque vislumbram nisso um atalho para o sucesso. O tempo se encarregará de desnudar os hipócritas e revelar os puros de coração.

Aprendam, portanto, a reconhecer o pensamento que se esconde por trás de um prato, de um restaurante, de uma ideia. Se por trás disso tudo há um homem que trabalha só por dinheiro, não o chamem de artista, não o chamem de Mestre. Um artista escreve, pinta, compõe, representa porque não poderia deixar de fazê-lo, não por ambição de acumular coisas.

Assim, espero que depois deste capítulo o leitor possa se tornar um bom caçador de comida-projeto, mas, atenção: é verdade que, em geral, é uma prerrogativa dos grandes, mas ela pode ser encontrada até em uma pizza maravilhosa, em um sanduíche de virar a cabeça, na massa e fagioli que um amigo afetuoso fez para você. Pode ser um pensamento por trás de uma farinha moída na pedra, de um tipo de salame que está desaparecendo, da descoberta de uma nova variedade de feijões.

Ter um projeto é, no fundo, ser feliz, pois a felicidade é o desejo de alcançá-la.

Regra Número 7: Valor

O que pensamos ser justo dar em troca da experiência gastronômica que vivenciamos.

Florença. Três moças garantiram que iriam ao primeiro banco que encontrassem para retirar dinheiro e voltariam em seguida para pagar a conta do restaurante, mas nunca mais ninguém ouviu falar delas.

A lei antifumo em locais públicos fez bem aos pulmões dos clientes e mal aos bolsos dos proprietários. Desde que começou a proibição de fumar em locais fechados, cerca de 40% dos que não pagam suas contas usam a desculpa "vou sair para fumar" e desaparecem: os dados são de uma estatística de Assoristoranti. Entre os proprietários, é hábito não chamar a polícia quase nunca: o percurso para recuperar o dinheiro é muito longo e inclinado.

A cena muda, mas o conceito é o mesmo: tentar comer de graça estimula a criatividade dos espertinhos trapaceiros. Como se houvesse uma epidemia submersa e difusa, própria, aliás e desde sempre, do ser humano: o desejo de comer sem pagar. Será por isso que todo mundo quer escrever e trabalhar com alimentação?

Mas comer de graça não é possível, e não é justo. Continua a ser uma coisa para poucos. Nos restaurantes de todo o mundo, de Roma a Toronto, de Paris a Tóquio, a cada segundo tem alguém que, depois da refeição, pronuncia em sua língua a frase "Pode me trazer a conta, por favor?"

A regra Valor não podia deixar de ser a sétima e última, a que tem lugar no final do percurso. É correto pagar o preço justo pelo que se consumiu. Só depois de ter experimentado e avaliado os seis quesitos anteriores estaremos em condições de fazer a fatídica pergunta:

"O QUE PAGUEI POR ESTE JANTAR FOI PROPORCIONAL AO QUE RECEBI EM BOA COZINHA, ATENÇÃO, BEM-ESTAR E CUIDADOS?"

É preciso admitir: agora que você seguiu a leitura até aqui, deve estar se sentindo mais bem-preparado para responder à indefectível pergunta: "Quanto dinheiro acho que devo dar em troca do que vivi?", levando em conta

- a quantidade dos ingredientes;
- as capacidades técnicas do cozinheiro;
- a presença mais ou menos marcante da genialidade;
- o equilíbrio/harmonia nos pratos e no conjunto da experiência;
- a atmosfera;
- a presença maior ou menor ou a ausência de um projeto.

Este formulário pode ser aplicado tanto a um apetitosíssimo sanduíche de rosbife e mostarda comido em uma cervejaria, quanto ao cardápio do restaurante mais exclusivo da cidade.

É verdade que, antes de reservar uma mesa, qualquer um trata de se informar sobre o tipo de restaurante que pode pagar na ocasião, avaliando o próprio orçamento. Mas é verdade também que, às vezes, nos sentimos trapaceados. Quando reservamos uma mesa em um restaurante investimos não apenas dinheiro, mas também expectativas e emoções.

"Sabia que se tratava de um restaurante renomado, mas, decididamente, gastei demais!"

Para avaliar se uma conta é honesta temos de entender também que aquele sanduíche maravilhoso tem custos notavelmente menores do que um jantar de alta cozinha, para o qual passamos dois meses economizando; que as toalhas de linho, as taças de cristal e a presença de um *sommelier* têm um preço. Assim como têm um custo as experiências do padeiro com novas fermentações e a tenacidade de um cozinheiro da equipe que fez vários testes até chegar a um molho menos banal — ou seja, sem o indefectível endro — para a posta de salmão ao forno.

Adiei o tema "O que é a alta cozinha" de capítulo em capítulo, por seis vezes. Chegou o momento de falar desse assunto. Quanto mais *ingredientes, técnica, gênio, harmonia e projeto* houver em um jantar, mais alto pode ser o preço. Não vou dar definições, peço simplesmente que façam um esforço para reconhecê-los. E depois de ter percorrido o caminho das *sete regras* talvez isso seja mais fácil.

A questão está toda aqui. Parece claro que a boa — que se torna alta justamente por ser boa — cozinha não pode ser avaliada a peso. Fazer alta cozinha é algo que um chef e um proprietário de restaurante estabelecem teoricamente como meta no momento mesmo em que escolhem um nome para o restaurante, o local onde comprar hortaliças e peixes, na hora em que resolvem comprar um fermento-mãe para fazer o pão e usar um grande extravirgem. Para fazer alta cozinha não é necessária uma declaração de princípios: é uma abordagem da experiência gastronômica total e absoluta, que se pode reconhecer e que fala por si só.

Ela também não pode ser julgada pela quantidade de estrelas ou garfos que o restaurante exibe. Existe uma nova alta cozinha maravilhosa que caminha na direção de mesas sem toalha, garçons sem rapapés, decorações minimalistas.

Uma nova cozinha que não é, necessariamente, calcada no protótipo de restaurante estrelado de escola francesa. Um restaurante de alta cozinha é aquele onde não comemos algo que poderíamos fazer na cozinha de casa, é aquele onde a cozinha tem um pouco de tecnologia (mas só o suficiente), é aquele em que 15 pessoas cozinham para quarenta. E é sempre bom lembrar que em uma autêntica e preciosa *trattoria* de administração familiar três pessoas e um lava-pratos servem oitenta refeições.

Este livro pretende ser uma viagem em busca do Bom e, sobretudo, da capacidade de reconhecê-lo. O que me interessa é chegar à compreensão da boa cozinha sem preconceitos. É necessário colocar-se diante do alimento sem prejulgamentos: esta é a condição necessária para tentar uma avaliação honesta e objetiva da experiência gastronômica.

Um restaurante de boa cozinha é um local que obtém boa avaliação nos sete quesitos que aprendemos até aqui.

Os seguidores do método baseado nas *sete regras* estarão, pelo menos, em condições de avaliar se estão pagando uma conta "desleal" ou uma conta coerente.

Controlem a conta

O chef incauto incluiu na conta o prato que você devolveu com motivações indiscutíveis? Aconselho que repita seus argumentos educadamente: se a coisa não surtir efeito, a única arma que lhe resta é não voltar nunca mais àquele restaurante.

Cada item de uma conta deve ser controlado, sempre. Parece banal, mas já notei que muita gente — inclusive eu — nunca faz isso. As pessoas me contam, muitas vezes, como, onde e por que foram a um restaurante e, sobretudo, quanto pagaram. É inacreditável como é curta a memória relativa aos pratos que comeram e como, ao contrário, é durável a lembrança de uma conta que o cliente considerou injusta.

Quanto mais alta a conta, mais fácil é introduzir itens inexistentes. Sei de contas em que surgiram misteriosamente garrafas de champagne, sobremesas jamais saboreadas, garrafas d'água de 8 euros nunca bebidas e outros itens desconhecidos. Não tenha vergonha de tirar suas dúvidas a respeito de uma conta. É um direito seu.

No interior da avaliação sobre Valor incluo também um cozinheiro e um proprietário capazes de acertar as contas sem desperdícios. Um pouco de glória aos cozinheiros e cozinheiras não estrelados que conseguem administrar seus negócios enfrentando milhares de problemas! É fácil alcançar o Olimpo dos guias quando se tem a ajuda de um bom financiador. E bem menos quando é preciso escolher entre contratar um ajudante de cozinha ou trabalhar 15 horas por dia.

Leia o que há "por trás" dos preços do cardápio.

Pedi ao cozinheiro e empresário Andrea Meoni que me contasse como são estabelecidos os preços em um restaurante. Ele possui uma dúzia deles em Milão, assim como ótima experiência internacional. Não é possível reduzir tudo a uma única fórmula matemática, mas saber "dar conta de tudo", como se diz, ajuda muito.

Tomemos o vinho. Até antes da crise, existia uma velha regra: multiplicar por três o custo da garrafa no fornecedor. Agora não funciona mais assim. Talvez ainda seja possível fazê-lo com rótulos que custem menos de 8 euros no fornecedor, mas, certamente, não com um Brunello di Montalcino. Fez sensação a declaração de Jonathan Nossiter, americano, 50 anos, cineasta e *sommelier*, que investiu contra os restaurantes romanos nos quais, garantia ele, o preço do vinho chegava a subir 1200%.

Digamos que em todos os restaurantes de nível alto um aumento de 2,5 a 3 vezes o valor de compra da garrafa é normal e comum. Nos locais de nível médio-baixo, muitas vezes de gestão familiar, o aumento é menor, mas simplesmente porque não precisam amortizar o custo dos copos de degustação e do *sommelier*.

O mesmo vale para a comida. Segundo uma pesquisa encomendada pela Associazione Ristoratori na Itália, o custo real de um prato de massa de 100 gramas é de 0,25 euro, contra 8 ou 9 euros pagos, em média, no restaurante.

Mas, atenção: neste preço podem estar incluídos todos os itens próprios de um restaurante de nível, mas não seria justificável em um bar de periferia ou no interior, onde os aluguéis são mais baratos.

Segundo Meoni, que vê as coisas do ponto de vista de um empresário, antes de tudo é preciso quantificar os custos de todo o negócio e o lucro que se pretende auferir. Estabelecido isso, calcula-se o número base de refeições/ano indispensáveis para a sobrevivência do negócio. Ao custo vivo de cada refeição, é preciso acrescentar o aluguel, o aquecimento ou ar condicionado, o salário do pessoal, o cozinheiro, luz, água, manutenção, limpeza, impostos etc.

Como se pode ver, a avaliação tem variáveis demais para que se possa transformar em uma regra matemática, mas, se quiserem mesmo saber, devem lembrar que, se o robalo custar de 12 a 25 euros, todas essas variáveis pesaram sobre o preço final.

E para os que consideram que só se come bem gastando muito, recordo que vale também o raciocínio inverso: o chef Daniel Humm — quatro estrelas, o máximo da avaliação para o *New York Times* — declara: "Adoro *Russ and Daughters* no

Lower East Side, um daqueles lugares de tradição: Joel Russ, emigrante polonês judeu, abriu seu primeiro empório em 1914. Seus *bagels with cream cheese* são os melhores do mundo." Isso prova que o Bom pode custar pouco. E um sanduíche de salame cujo simples cheiro dá água na boca também pode ser uma experiência gastronômica.

O couvert *e a gorjeta*

Entre os vários itens quase sempre aparece o *couvert*. É pago em muitos, ou, melhor, quase todos os restaurantes. É provável que o costume remonte ao tempo em que se ia à taberna com um embrulho cheio de comida. Os taberneiros ganhavam com o vinho e os clientes traziam sua comida de casa. O uso era difuso e tolerado pelos proprietários, mas, depois, alguns deles começaram a reclamar dos restos abandonados nas mesas e assim, também por motivos de higiene, resolveram estender grandes folhas de papel para "cobri-las" e protegê-las. Esta cobertura* logo se fez acompanhar de uma porção de pão. O uso difundiu-se e permaneceu mesmo quando os restaurantes e *trattorias* se multiplicaram.

O couvert é um item controverso. O preço de "pão e couvert" é cobrado mesmo de quem não pediu nem comeu? Mesmo de quem consumiu apenas um prato? Claramente, quando estabelece os preços dos pratos, o dono do restaurante inclui na conta as despesas relativas à limpeza de toalhas, pratos e talheres. Resta perguntar o que recebemos em troca do couvert: só o pão, às vezes intragável? Se chega a 4 ou 5 euros, às vezes torna-se um verdadeiro "boas-vindas do cozinheiro" ao

---
* *Couvert*, em francês, significa justamente cobertura. [*N. da T.*]

cliente: é um modo de dizer "Enquanto resolve o que vai pedir, comece com isto e prove a qualidade da nossa cozinha".* Seja como for, é sempre bom recordar que, quando ele não aparece na conta, trata-se apenas de um gesto de cortesia do proprietário, assim como o famoso "aperitivo". Tentem se informar antes se é oferta da casa ou se será cobrado.

Por fim, a gorjeta. Em muitos países, como os Estados Unidos, por exemplo, ela é quase obrigatória e, às vezes, calculada diretamente na conta. Perguntem, informem-se: cada país tem suas regras. A gorjeta é uma maneira de agradecer à equipe pelo modo como você foi tratado: seja generoso quando encontrar boa acolhida. Mas se o serviço foi péssimo, o ambiente não muito limpo e o garçom presunçoso, façam como eu: nada de gorjeta.

A alta cozinha "difusa" e a boa cozinha

O colega e ilustrador Gianluca Biscalchin sustenta que a alta cozinha é "como a alta moda, mas de digestão bem mais fácil", e acrescenta: "Calculem quantos jantares poderiam ter pago com o dinheiro que gastaram com seus sapatos de marca." É a minha luta também.

Reconhecer a boa cozinha é um fato cultural.

BOA COZINHA = ALTO VALOR = PREÇO ADEQUADO.
"Se você quer uma Ferrari, vai poder pagar o preço de um Fiat 500?", pergunta o chef emiliano Massimo Bottura. "Pois bem,

---

* Em alguns estados do Brasil, como Rio de Janeiro e São Paulo, uma lei estabelece que o *couvert* só pode ser servido, e cobrado, a pedido do cliente. [*N. da T.*]

a nossa cozinha é uma Ferrari. Tem custos altíssimos. É assim quando se faz verdadeira experimentação. A Ferrari, como a alta cozinha, tem custos fixos de experimentação e de pesquisa que são fundamentais. E para sair da crise é preciso fazer pesquisa." E esses custos não são, decerto, puramente de matéria-prima.

De fato, para responder à crise muitos estrelados de todo o mundo abriram restaurantes "reduzidos", com o mesmo estilo do "irmão maior", porém mais informais.

O chef Davide Oldani sustenta que é possível fazer alta cozinha a preços democráticos: "Faço uma cozinha acessível, a culinária pop, e considero que é igualmente alta cozinha." Efetivamente, conseguiu fazer de sua cebola caramelada uma pequena poesia.

Segundo o crítico gastronômico Andy Hayler — o homem que a cada três anos visita todos os três estrelas do mundo — um dos melhores restaurantes de Paris é o Jamin, do chef Jean-Christophe Guiony: o menu parte de 35 euros. Mas ele oferece boa cozinha, não alta cozinha. Se Robuchon estivesse no Jamin, ele custaria três vezes mais.

Alta cozinha e boa cozinha: ambas são dignas do máximo respeito, mas devemos saber avaliar a diferença. Em um restaurante de 200 euros por cabeça exijo ser paparicada, na *trattoria* de meu amigo Bassano, em Madignano, chego ao paraíso com muito menos. São duas coisas diferentes, são expectativas diversas.

Mas, no final de tudo, o valor da comida, como o das pessoas, não pode ser estabelecido em números, não é uma mercadoria. O valor da comida é aquilo que ela representa. É pensar onde ela foi cultivada, é pensar na geografia e na história, que se estratificaram em torno dela. O valor da comida é sua qualidade social e econômica; é estabelecer qual é o seu impacto ecológico, quanto custou o transporte e quanto foi desperdiçado. O valor de um prato é o pensamento que voa para quem plantou e fez frutificar aqueles produtos: gente que vive em meio à terra e aos animais. O valor de um prato é quanto tempo ele fermentou na cabeça de um cozinheiro dotado daquele mínimo de loucura. A ideia de um prato, sua execução — seja obra de um grande chef ou de uma cozinheira do interior —, é um instrumento social de comunicação poderosíssimo. E se lhe atribuímos um valor cultural, como é justo que se faça, é possível, então, fazer uma revolução com um prato. Mas talvez esse seja um pensamento guiado pela paixão e, portanto, distante daquele grau de objetividade no julgamento para o qual tentei guiar os leitores neste livro. A eles, acrescento um voto, particularmente pertinente: espero que este livro contribua para devolver a dignidade ao mundo da culinária em todos os níveis. Particularmente, a quem trabalha com a honestidade da paixão, com aquela ambição verdadeira que jamais servirá de anteparo para a avidez.

Tabela de avaliação

Tabela de avaliação (modelo)

Restaurante _La Caravella_ Data _01/04/2015_
Endereço _Via Verti, 00 – Gulosândia_
Cozinheiro _Mario Balesieni_

Regras	Nota de 0 a 10	Observações
1. Ingredientes	7	Tudo regular, mas por que romã e molho de caqui em abril?
2. Técnica	6	A fritura não tem leveza, cozimento exagerado do rigatone.
3. Gênio	5	Nenhum sinal, exceto na carta de vinhos bem... engenhosa.
4. Equilíbrio/Harmonia	7	Nada a assinalar, involtini um pouco salgados.
5. Atmosfera	7	Péssima decoração, serviço e vinhos ok, música alta demais.
6. Projeto	5	Nenhum sinal.
7. Valor	8	Conta honestíssima, couvert 1 Euro.
Total	43	

Tabela de avaliação

Restaurante .... Data ....
Endereço ....
Cozinheiro ....

Regras	Nota de 0 a 10	Observações
1. Ingredientes		
2. Técnica		
3. Gênio		
4. Equilíbrio/ Harmonia		
5. Atmosfera		
6. Projeto		
7. Valor		
Total		

Contribuições

Reconhecer o Bom: como, onde? E a crítica — gastronômica, assim como a crítica em geral — pode ser objetiva ou é irremediavelmente condicionada pelo Ego? Nas páginas anteriores tentei dar a *minha* resposta. Enquanto este livro ganhava forma, cogitei qual seria a resposta de algumas figuras de referência do mundo da culinária — e não só dele. Assim, formulei as perguntas a (em ordem alfabética):

Piergiorgio Allegra	Pierfrancesco Favino	Davide Oltolini
Maria Pia Ammirati	Maddalena Fossati Dondero	Mario Peserico
Fausto Arrighi		Carlo Petrini
Camilla Baresani	Camillo Langone	Maurizio Porro
Stefano Bonilli	Paolo Marchi	Clément Vachon
Massimo Bottura	Alessandra Meldolesi	Valerio Massimo Visintin
Oscar Farinetti	Bob Noto	

Prometi a mim mesma que não leria a resposta até que o livro fosse para a gráfica. Mantive a promessa, surpreendendo-me, afinal, com a quantidade — à exceção das justas diferenças — de pontos de contato que se estabeleceram entre os interlocutores dessa mesa-redonda imaginária. As diversas abordagens, humores, linguagens não só tornam as respostas sempre diversas, mas também fazem pensar diversamente sobre as perguntas. Agradeço a todos pela gentileza que demonstraram, e antes da contribuição de cada um deles relatei a motivação que me levou a escolhê-los, um por um.

Piergiorgio Allegra

Escolhi Piergiorgio Allegra porque o Belo e o Bom são confinantes. E ele trabalhava em torno da beleza antes mesmo de perceber isso. E porque é um refinado gourmet: depois de tantos anos nos Estados Unidos, um país onde se come de tudo, resolveu ficar na Itália, sobretudo por aquilo que aqui *não* se comeria jamais.

Em um mundo de imagens é indispensável aprender a reconhecer o Belo, assim como o Bom. São categorias objetivas?

> *A beleza não tem causa. É.*
> Emily Dickinson

A equação "beleza" tem muitas variáveis, muitas vezes independentes umas das outras.

Mas certamente existe um componente objetivo que é, indubitavelmente, a parte predominante.

A ciência demonstrou que o cérebro humano percebe, por instinto, o belo em seus elementos mais fundamentais. Desde criança somos instintivamente atraídos pela beleza.

Os cânones da beleza, considerados em suas "partículas constitutivas" mais simples, evocam frequências harmônicas, ritmos e vibrações que o nosso cérebro percebe como agradáveis, reconhece instintivamente, e pelas quais é inconscientemente atraído. Por isso, eles tendem a certa imutabilidade na história.

A Antiguidade já reconhecia relações e proporções "ideais" para a beleza de uma figura humana esculpida ou de uma estrutura arquitetônica. Essas relações numéricas ideais foram definidas posteriormente, na Idade Média, por arquitetos e matemáticos. Falava-se em *proporção áurea* ou *divina*. É interessante notar que as mesmas relações de proporção são ubiquitárias na natureza, da espiral de uma concha à folha de uma planta, à forma de uma galáxia. Podem ser encontradas, também, nos achados de culturas antigas em todo o mundo. Para serem, portanto, tão transversalmente difusas entre povos tão diversos, deve forçosamente existir um "inconsciente da beleza", inerente ao espírito humano, independente da geografia ou do tempo histórico.

Em qualquer campo, a crítica é expressão do julgamento. Sempre, do contrário, é crônica. O exercício da crítica pode ser considerado objetivo ou está destinado, por sua própria natureza, a ser condicionado pelo Eu?
Em seu significado mais objetivo e elementar, a beleza nada mais é que harmonia e proporção. Exatamente os mesmos dois cânones que devem estar presentes também no Bom, em um grande prato.

Como tal, é analisável pelo estudioso e reprodutível pelo profissional atento e respeitoso de seus equilíbrios.

No entanto, sua definição se complica quando se submete à influência das volúveis modas culturais do momento.

A beleza como imagem comercial ou como moda deve efetivamente — e infelizmente — se basear na mudança contínua para parecer sempre nova e despertar a curiosidade do comprador, estação após estação.

Se a beleza é uma combinação objetiva de harmonia, proporção e qualidades dos tecidos, a atratividade é a percepção subjetiva do belo, capaz de atrair e fascinar. Aquilo que o indivíduo deseja e pede ao profissional da beleza é, muitas vezes, ligado à atratividade.

Sendo subjetiva, a atratividade é um conceito mais fugaz, porque pode transcender cânones precisos de beleza. Pessoas menos belas podem ser mais atraentes. Uma modelo não é, necessariamente, a mais sexy. Um indivíduo belo e atraente pode não ser fotogênico.

O que será o Belo daqui a vinte anos? Quanto poderão mudar os cânones de beleza?
No futuro, será cada vez mais necessário para o profissional compreender a grande responsabilidade que assume ao intervir em elementos objetivos para enfatizar efeitos subjetivos. Isso pressupõe extrema delicadeza para não alterar os equilíbrios de harmonia do indivíduo, não somente no exterior, mas também em seus equilíbrios com o interior e com sua personalidade. Nisso, o julgamento do especialista poderá ser subjetivo, desde que não altere as harmonias entre corpo, personalidade, caráter do indivíduo singular, que devem ser respeitados sempre, protegidos e, onde necessário, reconstruídos.

A arte não é a aplicação de um cânone de beleza, mas o que o instinto e o cérebro podem conceber independentemente desse cânone. Quando se ama uma mulher, não se busca um instrumento para medir suas formas...
Pablo Picasso

Coroando seu sonho de infância de estudar cirurgia nos Estados Unidos e especializar-se em cirurgia plástica, Piergiorgio Allegra entendeu que a grande escola americana não lhe ensinou apenas técnica, mas, sobretudo, uma ética do trabalho e do ser médico.

Durante a residência em cirurgia plástica na Universidade de Rochester, descobriu seu próprio talento para a estética e, depois de muitos anos de exercício profissional em Chicago e Dallas, teve mais uma de suas ideias românticas: por que não levar o "toque americano" para a Itália? Está, então, em Milão — é um incurável animal de cidade —, lidando com o panorama italiano. Até agora, parece satisfeito com sua escolha.

Maria Pia Ammirati

Escolhi Maria Pia Ammirati por ser escritora e profunda conhecedora da alma humana por meio dos gostos televisivos de milhões de italianos. Tem um bom paladar e uma ótima mão na cozinha, construída por paixão e por dever de mãe. Resolvi convidá-la depois de vê-la em Crema, no meio da noite, traçando um prato de camarões e *foie gras* como se fosse uma camomila.

Em um mundo excessivamente obcecado pela comida — seja porque tem demais, seja porque não tem suficiente —, é indispensável aprender a reconhecer o Bom. Como e onde?
Diante da necessidade de definir o conceito de Bom conjugado à comida, a primeira coisa que vem à mente é pensar no bom como no belo kantiano, determinado, segundo o filósofo, pelo desinteresse, pela universalidade e pela necessidade. E, através destas categorias, chegar a definir o Bom como o viático para o conhecimento não apenas do enorme e vasto mundo da comida, do alimento que consumimos a cada dia, mas justamente para o conhecimento de si mesmo.

Quer dizer, pergunto-me se a comida, em todos os seus aspectos e formas, além de garantir — ou ajudar — a conhecer o mundo, não seria, também, um modo de conhecer a si mesmo, da maneira mais profunda — se a partir de uma análise atenta de nossos gostos, prazeres, desejos, hábitos, maneiras de abordar a comida não chegaríamos propriamente à profundeza de nosso ser. A comida revela manias e obsessões, mas também tiques, atitudes, ela viaja em sintonia com os nossos sonhos, se opõe orgulhosamente à decadência e à morte. O alimento, mesmo na pobreza, celebra a vida. E ao alimento dedica-se, no fundo, o último pensamento, mesmo no mais adverso fim de jogo, talvez justamente para permanecer ilusoriamente ligado à vida. E é justamente por isso que o alimento deve ser Bom, deve ser para nós, que dedicamos tanto tempo da nossa existência a comer, uma garantia de saúde e de prazer. Separado desses substantivos, o alimento perde potência, rebaixa-se a simples utilidade ou comida ruim. Por isso o caminho do bom, assim como o do belo, é árduo. Obriga, antes de mais nada, a um esforço de conhecimento, a conhecer para entender e distinguir o bom do mau como primeiro passo. Depois, gradualmente, este conhecimento se transforma em apuro, capacidade sutil de captar diferenças entre um produto e outro. Chegar a distinguir as diversas curas de um queijo, a regionalidade dos salames, a acidez do pão ou os fermentos das pizzas deixará de ser somente uma mania esnobe. E o conhecimento é algo que só se pode experimentar viajando, andando em busca, de verdade, de um produto ou de um prato lá onde ele se encontra. E eis que o *comer* não pode dispensar o *viajar*. De fato, o alimento é também (ou sobretudo) uma história de trocas econômicas, de tráficos e até de guerra entre países para firmar e consolidar rotas: a rota do sal, a rota das especiarias. E, assim, o alimento é mapeamento do mundo e geografia física: cada terra e cada lugar reproduz fisicamente o alimento, o fruto ou a semente que determina a geografia dos territórios, as corcovas ásperas dos olivais, a melancólica névoa dos arrozais, os vales e terraços das videiras, as planícies ordenadas dos cítricos.

A crítica é, em qualquer campo, expressão do julgamento. Sempre: do contrário, é crônica. O exercício da crítica pode ser considerado objetivo ou está destinado, por sua própria natureza, a ser condicionado pelo Eu?

Abusando mais uma vez do belo kantiano, não poderíamos deixar de dizer que o bom, como o belo, é objetivo e que o gosto é aquilo que Kant define como *agradável* e, portanto, não pertinente ao conceito do Bom. O Bom é, de fato, um dos maiores responsáveis pela globalização, o Bom em alguns alimentos supera o limite do gosto de alguns povos. Uma lasanha chega triunfante à Ásia e sua chegada poderia ser saudada pelo brilho pirotécnico de fogos de artifício. Quem poderia citar um povo ou uma região capaz de recusar um prato como esse?

A culinária é cada vez mais uma cultura da representação: representação do poder, do prazer, da evolução e do crescimento dos povos, dos lugares. Quanto mais gostamos de falar de comida, mais distância tomamos para fazer dela um objeto de estudo, de análise, de crítica. Um pouco como estamos fazendo agora. Falamos tanto de comida porque a amamos ou por simples obsessão? Ou, quem sabe, para mascarar o mal-estar de tratar daquilo que mais nos ocupa em termos de tempo, de energia, de esforços cotidianos? A cultura do alimento tem na base a arte da culinária como transformação contínua de matérias-primas, e quanto mais se eleva o nível de civilização e crescimento de um povo, mais a culinária evolui e se transforma, alcançando níveis de pura experimentação. Aqui, também, um pouco como a arte que, no esforço de tornar moderna a representação da realidade, concebe a abstração, a culinária, no esforço de tornar moderno um prato, inventa as espumas ou a cozinha molecular. Cultura e só cultura, que vê no alimento um prazer absoluto e objetivo, belo também em sua forma desestruturada.

O que estaremos comendo em vinte anos? Qual é o destino da alta cozinha?

Como vimos, o futuro nos prepara surpresas, o homem está cada vez mais ligado ao alimento que ingere, é cada vez mais pesquisador e descobridor e menos — ao menos aparentemente — escravo do ciclo comer/beber/cozinhar/arrumar. Aliás, quanto mais a cozinha se transforma em um prazer de descoberta e pesquisa, mais ela nos afasta do vínculo de necessidade, de árdua rotina.

Comer, nutrir e nutrir-se como ato de liberdade e não como processo de escravidão, em um mundo de trocas de alimentos que se torna, em uma inversão de sentido, cada vez mais localizado, cada vez mais pertinente à terra que o produz, mas cada vez melhor porque mais difundido e mais apreciado por muitos. O alimento Bom como vida e como riqueza.

Maria Pia Ammirati é formada em Letras e trabalha na RAI, como dirigente e autora. É jornalista profissional e colaboradora de revistas e jornais como crítica literária. É presidente do *Comitato Pari Opportunità della Rai* e vice-diretora de Rai Uno. Entre seus livros: *Il vizio di scrivere* [O vício de escrever] (1991); *Madamina: il catalogo è questo* (1995), a antologia de poesias *Femminile plurale, voci della poesia femminile dal 1968 al 2002* [Feminino plural, vozes da poesia feminina de 1968 a 2002] (2003). Além dos romances *I cani portano via le donne sole* [Os cães levam embora as mulheres sós], selecionado para o Prêmio Strega 2001, vencedor do Prêmio Palmi, primeira obra, e do Prêmio Orient Express; *Un caldo pomeriggio d'estate* [Uma tarde quente de verão] (2003), vencedor do Prêmio Grinzane Cavour-Calabria, e *Se tu fossi qui* [Se estivesses aqui] (2010), que venceu, entre outros, o Prêmio Selezione Campiello.

Fausto Arrighi

Escolhi Fausto Arrighi por sua invejável experiência nas mesas estreladas do mundo e pela saudável admiração que sinto por ele, que quase se transforma em inveja quando — durante a prova de um prato qualquer — consegue permanecer totalmente impassível, seja quando o prato representa um Olimpo, seja quando o faz se arrepender de ser diretor de um prestigiado guia.

Em um mundo excessivamente obcecado pela comida — seja porque tem demais, seja porque não tem suficiente —, é indispensável aprender a reconhecer o Bom. Como e onde?
Reconhecer o Bom talvez não seja somente uma questão de bom paladar, mas, também, de uma cultura gastronômica que nasce em família, nas tradições de sempre, onde o respeito pela matéria-prima é fundamental. Fica mais fácil, portanto, reconhecer-se no bom.

Quando se consegue reconhecê-lo, é preciso saber contá-lo: quer dizer, ter paladar para poder transmitir ao texto as sensações experimentadas. É comparável ao cheiro de um prato cozinhando na sala ao lado.

O Bom está em toda parte. O importante é não fechar a mente às cozinhas diversas de seu próprio país. Vejo isso em muitas pessoas — até do ramo —, que pensam que a nossa cozinha é, em absoluto, a melhor. Sempre estive aberto às culinárias de outros países para entender, para descobrir sabores novos, técnicas, preparações; a cozinha não tem fronteiras, é boa ou não, é feita apenas de bons executantes e bons produtos.

A crítica é, em qualquer campo, expressão do julgamento. Sempre: do contrário, é crônica. O exercício da crítica pode ser con-

siderado objetivo ou está destinado, por sua própria natureza, a ser condicionado pelo Eu?
Passei uma vida julgando — a palavra crítica não me agrada — no anonimato com o único objetivo de produzir uma avaliação que fosse sincera e sem personalismos. Nós não fazemos cozinha, então, muito cuidado em condicionar o julgamento com indicações pessoais.

O que estaremos comendo em vinte anos? Qual é o destino da alta cozinha?
Bela pergunta! Espero sempre um *reset* para recomeçar a partir da tradição como fonte para chegar a novas ideias. Mas a cozinha segue sempre adiante, se transforma. A alta cozinha sempre existirá, seria muito ruim se não fosse assim! Todas as novas técnicas vieram de seus protagonistas. O belo e o bom não morrerão jamais.

Fausto Arrighi é cremonense e uma das figuras mais influentes da história da culinária italiana: nasceu e cresceu profissionalmente no Guia Michelin Itália, no qual trabalhou 25 anos como inspetor e dez como diretor.

Camilla Baresani

Escolhi Camilla Baresani porque gosto do modo como enfrenta a escrita sobre culinária: como verdadeira escritora, nunca teve a presunção de se fazer passar por especialista em culinária ou crítica gastronômica. Mas sabe como fazê-lo. De suas resenhas, aprecio os detalhes que retratam tão bem a flora e a fauna que proliferam nos restaurantes.

Em um mundo obcecado pela comida é indispensável aprender a reconhecer o Bom. Como e onde?

A única maneira de aprender a reconhecer o Bom é fazer as próprias compras, talvez em companhia de alguém que entenda do assunto, que conhece lugares, produtores, fornecedores. E a cada vez provar, apalpar, cheirar. Só aprendendo a distinguir os sabores originais, a comparar a qualidade dos alimentos, a descobrir como, onde e quando podem ser encontrados será possível perceber mais tarde a qualidade do trabalho dos chefs: em que medida o Bom original se perdeu na manipulação da receita, em que medida a manipulação visa apenas camuflar a baixa qualidade dos ingredientes ou, ao contrário, consegue valorizar um alimento, seja com a técnica de cozimento, ou com os acompanhamentos. Não existe um grande cozinheiro que não seja, antes de tudo, um bom selecionador de matérias-primas.

Aprender os sabores, conhecê-los em seu melhor, é a base da existência de um gourmet. Um verdadeiro e propriamente dito trabalho de campo. Isso, aliás, acontece também com a literatura: não existe um bom livro sem uma escrita de grande qualidade, pessoal e precisa. A elaboração da trama, por mais bem-sucedida e original que seja, não é suficiente para construir um bom romance. Exatamente como acontece com as receitas.

Em qualquer campo, a crítica é expressão do julgamento. Sempre: do contrário, é crônica. O exercício da crítica pode ser considerado objetivo ou está destinado, por sua própria natureza, a ser condicionado pelo Eu?

Não existe nenhum crítico digno deste nome sem uma personalidade firme, desenvolvida e reconhecível. Na cozinha, existe objetividade — parcialmente e dizendo respeito, sobretudo, à qualidade das matérias-primas —, mas de um crítico exigimos a interpretação, o ponto de vista, não apenas o tédio da verdade. De um crítico, como leitora, exijo qualidade da escrita, capacidade de captar os detalhes e de apresentar uma seleção interessante e vívida, conhecimento, mas também gosto do paradoxo e da negação do pensamento único, só para mostrar que sempre existe o outro lado da moeda. Além de arte na descrição, cultura não monotemática — não há nada mais mortalmente entediante do que um crítico que fala única e exclusivamente de comida—, e, também – e não menos essencial –, dignidade. Qualidades que dependem, todas elas, da construção individual da personalidade e do gosto. Preferindo um crítico a outro, confiando em sua prosa, adoto um ponto de vista não para necessariamente estar de acordo, mas por paixão por seu modo específico de narrar. Mais tarde posso discordar de suas conclusões e mesmo assim continuar apaixonada por sua visão crítica. Em outras palavras, de um crítico não espero nenhuma verdade objetiva, mas o exercício de um pensamento e da arte da narração.

Como estaremos comendo em vinte anos? Qual é o destino da alta cozinha?
Vinte anos não é nada: haverá os gourmets e haverá quem se dedica a alimentá-los; nas estufas e nos campos haverá os híbridos e haverá quem, ao contrário, se dedica a redescobrir as sementes originais; haverá uma agressiva indústria de eletrodomésticos comercializando máquinas de cozinha cada vez mais sofisticadas; haverá, talvez, mais respeito pela vida — e pela morte — dos animais; haverá a televisão, os blogs, os detratores, os entusiastas. Sobretudo, haverá novos gêneros de ricos, vindos sabe-se lá de onde, com gostos e paladares mais virgens que os nossos, mais abertos a sabores e ingredientes

desconhecidos, a pastiches e à curiosidade. E será preciso alimentá-los, tratá-los a pão de ló, apresentar contas elevadas, dar-lhes a ideia de que comeram algo muito requintado, elaborado e elevado. Nada de novo e tudo novo ao mesmo tempo.

Camilla Baresani publicou quatro romances (*Il Plagio* [O plágio], *Sbadatamente ho fatto l'amore* [Distraidamente, fiz amor], *L'imperfezione dell'amore* [A imperfeição do amor], *Un'estate fa* [Um verão atrás]); um ensaio sobre os prazeres da leitura (*Il piacere tra le righe* [O prazer nas entrelinhas]); uma coletânea de contos comentados por Renato Mannheimer (*TIC – Tipi Italiani contemporanei* [TIC – Tipos italianos contemporâneos]); um conto culinário com as receitas de Allan Bay (*La cena delle maraviglie* [O jantar das maravilhas]). Colabora com *Il Sole 24 ore* e com os cadernos especiais do *Corriere della Sera*. Escreve sobre o mundo dos restaurantes, pelo qual é apaixonada, nos jornais em que colabora. Mais informações e todas as suas reviews em *camillabaresani.com*.

Stefano Bonilli

Escolhi Stefano Bonilli, mesmo sendo, entre todos os convidados a contribuir, aquele que menos conheço pessoalmente, porque me identifiquei durante muitos anos com os comentários que postava em seu blog. Foi o primeiro a criar, em 2004, um blog dedicado à culinária e aos restaurantes: *http://blog.paperogiallo.net*.

Em um mundo obcecado pela comida, é indispensável aprender a reconhecer o Bom. Como e onde?
O conhecimento do alimento, dos sabores, da qualidade, assim como o conhecimento da música, deveria ser matéria de apren-

dizado desde a infância, quando o paladar — e o ouvido — das crianças são virgens e prontos para receber todos os estímulos. O alimento, os produtos, a alimentação deveria ser matéria de ensino em nossas escolas a partir do primeiro ano elementar.

Hoje, ao contrário, a situação na Itália é de muito atraso, pois nas escolas não se ensina a reconhecer o alimento produzido no país, não se ensina a sazonalidade da fruta e da verdura, não se ensina a comer de modo equilibrado.

Se mais tarde o jovem quiser estudar para se tornar cozinheiro, logo descobrirá que não existem escolas de formação, como na França, nem sequer cursos universitários, como nos Estados Unidos, mas apenas institutos hoteleiros que, salvo poucas exceções, são uma espécie de "refúgio" para quem não sabe o que quer estudar ou não tem vontade de fazê-lo e que quase certamente será um futuro desempregado.

Mesmo o sucesso dos programas culinários na televisão não vai além da espetacularização e não tem nenhum caráter realmente didático, pois uma orientação desse tipo acabaria por entrar em conflito com os índices de audiência que são o único meio de medir o sucesso de uma transmissão.

Em qualquer campo, a crítica é expressão do julgamento. Sempre: do contrário, é crônica. O exercício da crítica pode ser considerado objetivo ou está destinado, por sua própria natureza, a ser condicionado pelo Eu?

Limito o meu discurso ao campo da crítica gastronômica, pois é o terreno em que atuo há mais de trinta anos. Antes de chegar a falar da crítica, seria preciso analisar as bases da formação do crítico, isto é, o conhecimento da matéria, a prática e a paixão.

A crítica gastronômica não difere muito da crítica musical. Eis um exemplo elevado: assim como as bases de um crítico musical deveriam ser o conhecimento da música, de sua história, de seus protagonistas e a capacidade de leitura de uma partitura, as bases de um crítico gastronômico são o conhecimento da culinária — de sua história, de seus protagonistas, das preparações — e, possivelmente, a capacidade de cozinhar, pelo menos a nível amador. Essas deveriam ser as bases para o desenvolvimento de sua pesquisa crítica.

Dito isso, a critica gastronômica deve ser analisada antes e depois da internet.

Antes, era apanágio de poucos, ou seja, daqueles que tinham acesso aos meios de informação — periódicos cotidianos, hebdomadários, mensais e guias. Jornalistas ou aficionados com "trânsito" no mundo da comunicação, um mundo praticamente fechado, dificilmente controlável e dotado de "superpoderes" se comparado ao mundo dos consumidores.

Com o advento da internet, tudo mudou. A lógica do hipertexto esfacela os recintos e fronteiras e a informação se torna líquida, escorre por todo lado, o consumidor que entende de culinária logo se transforma em um novo crítico, ouvido porque é confiável, e esta credibilidade é dada pela possibilidade de verificação imediata, de circulação instantânea dos textos.

Uma receita é executada, aprovada ou reprovada, a resenha de um restaurante se confronta com cem ou mil resenhas semelhantes, o blefe não tem mais espaço, é facilmente desmascarado.

Não é tanto uma crítica objetiva, mas, antes, um controle de massa, onde se ouve e se lê quem tem credibilidade.

O que comeremos daqui a vinte anos? Qual é o destino da alta cozinha?
A alta cozinha, a gastronomia, a F1 da culinária mudará apenas o modo de representar-se, trocará a toalha de linho pelo

essencial, visará o produto mais do que a embalagem, seguirá o território mais do que a globalização.

Na Itália, daqui a vinte anos, comeremos o que comemos hoje: é possível pensar o país sem a massa, sem a riqueza de nossas hortaliças, sem o azeite, sem a trufa?

A alta cozinha será a chave e a garantia do nosso grande artesanato alimentar, os cozinheiros de ponta serão viajantes globais, representantes do *Made in Italy* alimentar, pois este é o resultado da espetacularização da cozinha nos Estados Unidos, assim como no Japão, na China, na Austrália e na Europa.

Mas a nossa alta cozinha, ao contrário da de quase todos os outros países, tem uma retaguarda de produtos alimentares muitas vezes únicos, não encontráveis em outros lugares. Onde cultivar a alcachofra românica a não ser em um restrito território do Lácio? A trufa branca, e não somente a de Alba, pode encontrar muitos concorrentes no mundo? Nossos pães e salames característicos de cada região, as centenas e centenas de queijos — só os classificáveis são mais de 400 — e as massas secas, frescas, recheadas, tudo isso e muito mais constituem o imenso tecido que serve de pano de fundo para uma culinária que é grande porque tem uma história que afunda suas raízes nos séculos, que não é peça de museu, mas coisa viva, e com as raízes na tradição popular.

Stefano Bonilli foi jornalista de *Il Manifesto* desde a fundação até 1982. Em 1986 criou o *Gambero Rosso*, suplemento mensal de oito páginas no interior do cotidiano.

Em 1987 nasce a editora *Gambero Rosso*, na qual ele é editor e diretor, primeiro, da revista mensal *Gambero Rosso* e, depois, de *Guida dei vini*, junto com Arci Gola, e do guia *Ristoranti d'Italia*.

Figura entre os 12 signatários do manifesto de fundação de *Slow Food*, apresentado em Paris em 1989.

Em 1994 funda a edição norte-americana da revista *Gambero Rosso*.

Em 1999, junto com RaiSat, cria o canal via satélite *Gambero Rosso Channel*, do qual é diretor. Depois, funda a *Città del Gusto*. Em 2008 deixa o *Gambero Rosso* e funda a *Gazzetta Gastronomica*. Dirige a coleção *Cucinare Insieme* para a editora Giunti.

Massimo Bottura

Escolhi Massimo Bottura porque percebi imediatamente que era um fora de série. Não existe um prato seu que não tenha uma ideia por trás. E ele consegue expressá-la, enquanto com os outros você só consegue intuí-la. Porque coleciona belos quadros e tenta não usar lugares-comuns.

Em um mundo obcecado pela comida, é indispensável aprender a reconhecer o Bom. Como e onde?
O sentido do Bom é uma indescritível percepção estabelecida pela cultura à qual pertencemos e pelas experiências que nossas escolhas nos levaram a viver.

Isso vale tanto para o bom como sentido moral, quanto para o bom como percepção gustativa, ainda mais agora que se tornou determinante para mim conceber os pratos como gesto social.

Depois do terremoto que atingiu minha terra exatamente um ano atrás, a percepção do que é bom assumiu para mim um aspecto bem definido e determinado.

Um prato bom e saudável é fruto de escolhas que suportem eticamente o meu território duramente atingido pelo terremoto: das formas danificadas do Parmigiano ao *cotechino*.*

Gosto de pensar que por trás de um prato meu está, mais do que a qualidade das matérias-primas, a qualidade das ideias.

O Bom só tem um lugar: nós mesmos, que podemos reconhecê-lo e queremos vê-lo e transmiti-lo.

Em qualquer campo, a crítica é expressão do julgamento. Sempre: do contrário, é crônica. O exercício da crítica pode ser considerado objetivo ou está destinado, por sua própria natureza, a ser condicionado pelo Eu?
Quando se fala de crítica na Itália, me vem à mente, instintivamente, a imagem de algo negativo, mas o termo "crítica" tem origem grega na capacidade de discernir.

Considero que nunca como nesta época contemporânea foi tão determinante ter uma crítica referenciada, capaz de guiar o percurso profissional e cultural de uma categoria.

A crítica é, por natureza, influenciada pela personalidade de quem critica, mas, por outro lado, a personalidade de quem critica é aquilo que permite deslocar os limites e a estaticidade de uma eventual crítica "objetiva".

O que comeremos daqui a vinte anos? Qual é o destino da alta cozinha?
A cozinha italiana já conquistou o mundo. Em qualquer canto, de qualquer cidade, é fácil encontrar pelo menos um ingrediente, um restaurante, uma pizzaria, uma receita que se identifique com o nosso país. Isso não é prova suficiente de que todos nós, cozinheiros, camponeses, artesãos, pescadores, críticos,

---
* Salame feito com carne, pele e lardo de porco, servido cozido. [*N. da T.*]

aficionados devemos acreditar que nossa cozinha é suficientemente rica e importante para projetar-se no futuro?

Penso que a cozinha italiana possua os dotes capazes de regenerar todo o nosso tecido agrícola, econômico e social.

A cozinha italiana do futuro contará a história de cada produtor singular. A cozinha voltará a valorizar as identidades culturais regionais, provinciais, dos povoados, das cidades que levam adiante uma tradição milenar.

Ao lado de nossos futuros camponeses e artesãos, veremos crescer também uma nova geração de cozinheiros e garçons. Todos juntos, com a terra sob as unhas e o perfume do leite no corpo, teremos garçons apaixonados que amam a cozinha e que saberão falar dos pratos, dos vinhos, dos sonhos. E quem trabalha com culinária terá de entender o cliente e já ter vestido as vestes do garçom.

Francamente, não sei dizer o que comeremos daqui a vinte anos, mas estou certo de que a cultura da boa mesa terá crescido e terá se difundido também e, sobretudo, para outros países não italianos.

Um dos objetivos a ser perseguidos por todos os países do mundo é olhar primeiramente para o próprio passado a fim de conhecê-lo, para depois ajudá-lo a evoluir em direção à contemporaneidade.

A alta cozinha é, por si só, uma expressão cultural que tem suas raízes nas mesas dos nobres, mas cuja evolução passou por muitas fases, tanto na França, quanto na Itália. Muitos outros países se abriram para a alta cozinha, inspirando-se no modelo francês.

A evolução dos últimos anos levou a alta cozinha a ser conjugada segundo exigências, culturas e expressões territoriais.

Nascido e criado em Modena, **Massimo Bottura** interrompeu os estudos de Direito, em 1986, e abriu uma *trattoria* em Campazzo, perto de Nonatola, onde aprendeu a cozinha emiliana com as mulheres da família. Sucessivamente, aprofundou seus conhecimentos da cozinha clássica francesa com Georges Cogny e, em 1992, foi convidado por Alain Ducasse para fazer um estágio de alguns meses em seu restaurante Le Louis XV, em Montecarlo.

Chef e proprietário da Osteria Francescana, restaurante três estrelas Michelin em Modena, é o terceiro na lista do *The World's 50 Best Restaurants Awards 2013* e também figura no topo dos outros guias.

Oscar Farinetti

Escolhi Oscar Farinetti porque é alguém que conseguiu construir uma fortuna em torno do conceito de Bom. Divertindo-se e mantendo um toque de poesia naquilo que faz.

Em um mundo obcecado pela comida, é indispensável aprender a reconhecer o Bom. Como e onde?
O bom é fruto da biodiversidade, tanto italiana quanto do restante do mundo. Quando se escolhe um produto, é indispensável conhecer o produtor, o método de cultivo ou de criação, como se deu o processo de transformação, as origens daquele sabor. Todos estes fatores representam características fundamentais para aprender a reconhecer o Bom.

Em qualquer campo, a crítica é expressão do julgamento. Sempre: do contrário, é crônica. O exercício da crítica pode ser considerado objetivo ou está destinado, por sua própria natureza, a ser condicionado pelo Eu?

Desde que o mundo é mundo existem os que fazem e os que julgam. O mundo vai melhor ou pior segundo a quantidade e a qualidade dos indivíduos que se alinham nas duas partes. Em uma situação ideal, é necessário que os que fazem estejam em nítida maioria e é necessário que a maior parte dos que julgam façam isso de boa-fé. Estas são as duas condições necessárias. Podem imaginar o desastre se acontecesse o contrário?

Quem julga tem o dever moral de estar muito bem preparado e de ser capaz de ver também os aspectos positivos e não apenas os erros de quem faz. O máximo, para um crítico, seria ter também a capacidade de despedir-se com um conselho construtivo.

O que comeremos daqui a vinte anos? Qual é o destino da alta (boa) cozinha?
Naturalmente, sou otimista e creio que comeremos ainda melhor do que hoje, momento histórico em que já comemos bem melhor do que antes. Em nosso futuro próximo, veremos um retorno aos grandes valores da nossa história, da nossa tradição e da qualidade dos nossos produtos típicos. As pessoas estarão cada vez mais bem-informadas e mais capacitadas para escolher produtos bons e saudáveis: verdadeiros. Por essa razão vejo um futuro esplêndido para a cozinha e, sobretudo, para a cozinha que está caminhando para a simplicidade. É difícil ser simples, mas muitos chefs estão se empenhando nessa direção. Eu vejo tudo com bons olhos!

Oscar Farinetti nasceu em Alba, em 1954. Em 2004 fundou a cadeia de distribuição alimentar de excelência Eataly. No período 2002/2004 colaborou com diversas pesquisas didáticas de mercado da Universittà Bocconi, de Milão, e da Università degli Studi, de Parma.

Em 2011 organizou, junto com Giovanni Soldini, a viagem *7 mosse per l'Italia* [7 passos pela Itália], de Gênova a Nova Iorque em um veleiro, de 25 de abril a 2 de junho do mesmo ano. Essa viagem foi relatada em um livro do mesmo nome.

Em 2012 recebeu o Prêmio Scanno da área da alimentação por demonstrar que é possível unir atividade empresarial e cuidado com o meio ambiente e social.

Em 2013 recebeu o Prêmio América da Fondazione Italia USA. Acabou de publicar o livro *Storie di coraggio* [Histórias de coragem], pela editora Mondadori.

Pierfrancesco Favino

Estaria sendo vítima da prevenção machista — mas também feminina — contra o "Belo"? "Não é possível que, além de tudo, seja inteligente!", pensei comigo assim que Pierfrancesco Favino abriu a boca. Com a força de sua serenidade e de sua lucidez calou a boca de todos os presentes a um debate parisiense que versava sobre a culinária, os seres humanos e a vida. Minha escolha deve-se, também, à alegria que emana quando come.

Em um mundo obcecado pela comida — seja porque é demais, seja porque não é suficiente —, é indispensável aprender a reconhecer o Bom. Como e onde?
Não sei, o Bom chega sempre inesperadamente. Quando paira o verdadeiro Bom, cai o silêncio. Sabe quando você está em um almoço com amigos e, de repente, cai o silêncio, ninguém diz uma palavra? Pois é, todos percebem que acabou de ocorrer um pequeno milagre. É como a Beleza: quando alguém a reconhece, emudece. Acontece também quando você vê um quadro e reconhece o toque do gênio ou uma música que toca você por dentro. É como se, instintivamente, nosso corpo bus-

casse — através do silêncio — a justa concentração para não perder aquele átimo de segundo, como se o ouvido se anulasse para deixar os outros sentidos mais agudos. Bom não é só aquilo que como; para mim, é também o processo que precede a degustação: cozinhar e manipular o alimento é a parte positiva e terapêutica. E posso reconhecê-la em um prato: dá para sentir quando um prato é feito com amor, e isso também é o Bom.

A categoria do Bom, no sentido gastronômico, me interessa muito neste momento, pois consegue me surpreender: há sempre um novo sabor, uma combinação inaudita, uma nova atmosfera a ser descoberta.

Em qualquer campo, a crítica é expressão do julgamento. Sempre: do contrário, é crônica. O exercício da crítica pode ser considerado objetivo ou está destinado, por sua própria natureza, a ser condicionado pelo Eu?

A crítica é, em qualquer âmbito, imperfeita, pois as categorias do Bom — como as do Belo — são variáveis: são influenciadas pelo período histórico, pela geografia, pela vivência pessoal. E, apesar disso, como disse anteriormente, existe um núcleo duro de objetividade. E esta objetividade pode ser reconhecida quando se percebe, em uma experiência culinária ou estética, o máximo da potencialidade dos sentidos e do intelecto. Existe uma parte variável e uma parte fixa: somente uma grande honestidade intelectual permite trilhar esse caminho.

O que comeremos daqui a vinte anos? Qual é o destino da alta (boa) cozinha?

Neste momento estou fazendo teatro e vejo que muita gente está reavaliando o teatro, que muitos preferem sair e se deixar envolver pelo palco do que ficar em casa diante da TV. Isso quer dizer que o homem escolhe cada vez mais como alimentar seu espírito. Quero crer que no futuro ele será capaz de escolher o que olhar, ver e comer. A escolha não deve ser entre comer e não comer, mas entre tipos diferentes de cozinha, de produtos, de culturas. Não tenho elementos suficientes para uma previsão. Mas para um desejo, sim: espero que os seres humanos não cheguem a se habituar ao Bom e ao Belo, mas se tornem cada vez mais livres e conscientes, como espectadores, leitores e comensais.

Pierfrancesco Favino é romano e diplomou-se na Accademia Nazionale d'Arte Drammatica Silvio D'Amico. Entre os filmes que o tornaram famoso: *O último beijo* e *Beije-me outra vez*, de Gabriele Muccino, *As chaves de casa*, de Gianni Amelio, *Romanzo Criminal* [Romance criminal], de Michele Placido, *A desconhecida*, de Giuseppe Tornatore, *Saturno em oposição*, de Ferzan Ozpetek, *Que mais posso querer*, de Silvio Soldini. Entre as produções estrangeiras: *As crônicas de Nárnia: príncipe Caspian*, de Andrew Adamson, *Milagre em Sant'Anna*, de Spike Lee, *Anjos e demônios* e *Rush, no limite da emoção*, de Ron Howard, *Guerra mundial Z*, de Marc Forster.

Na última temporada foi protagonista de *L'industriale* [O industrial], de Giuliano Montaldo, *A.C.A.B.*, de Stefano Sollima, *Posti in piedi in paradiso* [Lugares em pé no paraíso], de Carlo Verdone, e *Piazza Fontana, uma conspiração italiana*, de Marco Tullio Giordana. Entre os prêmios recebidos: 3 Nastri d'argento, 3 Golden Graal, 2 Davide di Donatello. 2 Ciak d'oro, 2 Prêmios internacionais Flaiano, 2 Maximo award Roma-FictionFest.

Maddalena Fossati Dondero

Escolhi Maddalena Fossati Dondero porque durante um almoço em Paris, daqueles atravessados por influxos astrais dos mais benéficos, descobri que tínhamos muitas afinidades eletivas.

E a escolhi embora não goste de miúdos e tenha recusado um maravilhoso prato de moleja.

Em um mundo obcecado pela comida — seja porque é demais, seja porque não é suficiente —, é indispensável aprender a reconhecer o Bom. Como e onde?

Em qualquer campo, a crítica é expressão do julgamento. Sempre: do contrário, é crônica. O exercício da crítica pode ser considerado objetivo ou está destinado, por sua própria natureza, a ser condicionado pelo Eu?

O que comeremos daqui a vinte anos? Qual é o destino da alta (boa) cozinha?

Resolvi enfrentar essas perguntas com uma única e longa resposta sobre como e onde reconheço o Bom. Um crítico sabe reconhecê-lo e narrar a experiência hoje e no futuro.

O alimento tem os seus direitos. Os paradigmas são refúgios seguros que nos protegem de quem acredita que é dono da verdade. Vale também para a comida.

Para mim, o Bom é objetivo, como o Belo. Com nuances, muitas nuances, é verdade. E quando se trata de desjejuar — sim, porque não: usemos de novo essa palavra tão arcaica —, o convite é: estamos agarrados firmemente a critérios sólidos, mas vamos abrir a mente e o coração a uma nova descoberta, que não diz respeito apenas à maciez da carne ou à fragrância do pão, mas que se transforma em experiência.

A começar pelo restaurante que deve, de algum modo, me dizer algo e falar sobre quem está na cozinha. A este lugar, peço que tenha uma identidade, mesmo louca, ousada, minimalista, barroca: não importa. Uma identidade qualquer.

E, em seguida, a iluminação. Que deveria ser macia, lânguida, intensa o suficiente, mas nunca violenta e ácida sobre os pratos, de modo que possa mostrar o que comemos e revelar seu grafismo, sua cor. Não direta e agressiva "sobre" os comensais, daquelas que parecem estar ali de propósito para destacar uma olheira ou certos cromatismos às vezes não muito desejáveis dos cabelos. Pior de todos é o farol dirigido para o alto da cabeça, criando um efeito "careca" mesmo quando se tem uma cabeleira fluente. E para o cavalheiro calvo, o resultado é injusto, impiedoso e cruel.

No ar, espero um bom aroma, que não tenha um sabor identificável, do contrário, acaba recordando o cheiro de minestrone que paira na portaria do prédio. E temos também a acústica. Não posso ser obrigada a fazer leitura labial para entender o que diz meu interlocutor, mas também não quero me sentir em uma igreja. Há restaurantes que escolhem uma música horrorosa porque é "jovem" (socorro), e já vi usarem até rádio (juro) em um lugar com ambições estelares. Ou, por outro lado, um silêncio tumular que obriga todo mundo a sussurrar. Frivolidades femininas? Não, obrigada. O contexto é importante. Um teatro com a cortina rasgada e o palco cheio de poeira desfaz qualquer encanto, tanto quanto um prato lascado em uma toalha de linho. Afinal, Cinderela não foi ao baile de chinelos.

E chega finalmente o cardápio. Lembram da última página das revistas das companhias aéreas que exibem os percursos de todos os trajetos cobertos pela empresa? Pois bem, ao ler a fórmula que descreve os pratos não gostaria de visualizar tantas viagens, imaginar os eletrólitos de gasóleo usados para me oferecer cebolas da Índia e cogumelos do Paquistão. Tenham a santa paciência! Posso conceder alguma coisa à pimenta de Seichuan, mas o céu e a natureza têm lá os seus direitos — como a comida. A cozinha contemporânea de qualidade sublime é assim. E não me aborreçam com palavras e mais palavras para descrever um prato. Passos curtos e tranquilos. No fundo, o sabor é uma coisa simples em sua complexidade. Conversei sobre isso com Jordi Butrón, confeiteiro de Espai Sucre em Barcelona. É um pouco como jogar bilhar. Sempre admirei quem consegue realizar o ponto com uma ou duas tacadas. Para mim, o sabor se parece com a trajetória da bola: não pode rodar direto para a caçapa, reta. É uma boa jogada no bilhar, mas não atrai os aplausos, não faz o espectador pular de entusiasmo. Quando um sabor chega à língua e toca o palato, precisa encontrar o ponto certo para acertar seu golpe, para existir de verdade. Na confeitaria é o sal — quem me disse isso foi Pierre Hermé —, pois ele abre a porta para a percepção de quanto o açúcar é doce e agradável. Assim como uma textura áspera sublima uma cremosidade perspicaz. Devo continuar? Quando minha refeição é uma partida e meu cérebro visualiza os lados do campo, concluo que é uma boa refeição. Hoje, amanhã e sempre. Devo sentir que comi, que me regalei — *regalé* é uma palavra incrível usada pelos franceses. E devo poder dormir bem depois, sem brigar com os sonhos a noite inteira.

É maravilhoso celebrar assim o desjejum, ou seja, o fim do jejum.

Milanesa adotada por Paris, trabalho na área de *lifestyle* de *Vanity Fair* desde que começou a existir. Tenho grande sintonia com a Espanha e o Japão, gosto da transparência e da pureza de modo transversal. O melhor restaurante do mundo? Ainda não consegui encontrá-lo. Mas continuo procurando.

Camillo Langone

Escolhi Camillo Langone porque ele consegue, com sua pena áurea e aguçada, me fazer esquecer que muitas vezes não concordo com nada do que afirma — a não ser a respeito de comida. Mas ele o diz tão bem que me deixa tonta e dominada. Sua escrita excede seu pensamento.

Em um mundo obcecado pela comida — seja porque é demais, seja porque não é suficiente —, é indispensável aprender a reconhecer o Bom. Como e onde?

O mundo, isto é, as plebes sem critérios de juízo, são obcecadas com tudo e não são capazes de entender nada. Reconhecer o Bom é como reconhecer o Belo: um exercício ultraminoritário. É, portanto, um exercício de aparência inútil e, no entanto, extremamente necessário: quase um exercício intelectual à maneira de Santo Inácio. Você sabe muito bem como sou autocrático e xenófobo, mas dessa vez devo citar Confúcio: "Se os conceitos não são justos, as obras não se realizam; se as obras não se realizam, arte e moral não prosperam. Por isso, não se deve tolerar que as palavras não estejam em ordem." A arte da culinária — a culinária é uma arte, que se conformem os detratores: é uma arte — não pode prosperar se os conceitos que a descrevem não estiverem em ordem. Por isso, é realmente indispensável que alguém preserve o fogo do juízo exato. Como e onde? Com o método comparativo, que se deve apurar comendo com frequência nos bons restaurantes e degustando os pratos-parâmetro, os pratos de referência, aqueles clássicos que podem servir de base para estabelecer hierarquias. Digamos: costeleta à milanesa, um prato que parece fácil e na realidade é quase impossível e que, efetivamente, é muito ruim em quase todos os lugares. Enquanto os pratos "criativoides", que do nada vieram e ao nada retornam — como qualquer um daqueles produtos culturais que Emanuele Severino define justamente como nihilistas —, servem de muito pouco aos críticos, pois são, por natureza, inclassificáveis, não ordenáveis.

Em qualquer campo, a crítica é expressão do julgamento. Sempre: do contrário, é crônica. O exercício da crítica pode ser considerado objetivo ou está destinado, por sua própria natureza, a ser condicionado pelo Eu?

O exercício da crítica não pode ser considerado subjetivo, deve, absolutamente, se considerar objetivo. Um crítico que se aceita como subjetivo está acabado, entregou a vitória ao TripAdvisor, às palavras em liberdade das massas abancadas nos restaurantes. Mais do que recuperar algo que talvez nunca tenha existido, é preciso estabelecer algo de novo e, no entanto, definitivo. Um decálogo? Já seria alguma coisa, mas quero mais do que isso: uma fórmula, um metro com o qual medir pratos e restaurantes. O crítico que não é capaz de desenvolver e explicitar seu próprio metro de avaliação não serve para nada e, infelizmente, tampouco podemos mandá-lo às favas, pois favas já não há.

O que comeremos daqui a vinte anos? Qual é o destino da alta (boa) cozinha?

Em vinte anos, nem sei se ainda existirá o gênero humano. Posso arriscar uma previsão para daqui a dois anos, no máximo quatro. De hoje a 2017/2019 vai aumentar progressivamente a distância entre culinária pluriestrelada e culinária de massa. A primeira, representada por uma faixa cada vez mais estreita de restaurantes, continuará a ser sustentada pelo vedetismo midiático e pelos caprichos do Michelin — o único guia que ainda guia alguma coisa, embora seus critérios de avaliação sejam incompreensíveis, senão inexistentes. A segunda, uma faixa cada vez mais concorrida, viverá justamente de números, de baixa cozinha e de clientes grandes consumidores de Maalox, vítimas da chamada relação qualidade/preço que, na verdade, significa comer mal e pagar pouco —

comer bem e gastar pouco não é deste mundo. A alta cozinha só poderá salvar a própria dignidade graças a uma alta crítica, do contrário estará cada vez mais à mercê do programa televisivo da vez. Se soubesse como desenvolver uma crítica gastronômica que fosse, ao mesmo tempo, rigorosa e decisiva, estaria fazendo isso, mas não sei.

Camillo Langone vive em Parma. Publicou oito livros, o último dos quais é *Bengodi. I piaceri dell'autarchia* (Marsilio) [Bengodi. Os prazeres da autarquia]. Escreve para o *Foglio* (em cujas páginas inventou a figura do crítico litúrgico) e no *Libero*, tratando particularmente de literatura, arquitetura, arte contemporânea, além de, obviamente, gastronomia.

Paolo Marchi

Escolhi Paolo Marchi porque é o único na Itália que conseguiu transformar uma fraqueza particular — o fraco pela boa mesa — em extraordinária oportunidade para todos: *Identità Golose* [Identidades gulosas]. Graças a ele temos um congresso só para nós, no qual podemos nos defrontar, discutir, aprender e viajar pelas mesas do mundo sem sair de Milão.

Em um mundo obcecado pela comida — seja porque é demais, seja porque não é suficiente —, é indispensável aprender a reconhecer o Bom. Como e onde?
A resposta mais direta, e na verdade também mais banal, é "à mesa". Vive em Milão um ótimo gastrônomo e homem de cultura que também é titular de uma empresa especializada em artigos para restaurantes e que se vangloria de poder identificar a qualidade de um cozinheiro por aquilo que encomen-

da. Não em quantidade, mas em qualidade e variedade de louças e talheres, panelas, facas... E é isso mesmo, mas dessa sua primeira qualidade deriva outra, que sempre me deixou muito espantado: não come em restaurantes, a não ser jantares ligados a eventos e apresentações. Portanto, nunca saiu de casa pelo prazer — e a bem dizer o dever — de conhecer pessoalmente um cozinheiro em ação.

Ora, isso é inconcebível. Quem quer realmente se tornar crítico gastronômico deve treinar o paladar e encher o cérebro de informações — e para continuar sempre assim, manter-se curioso e atualizado. Tudo isso para ir além de termos como bom e ruim, perfeitos na boca de uma criança que começa a falar, mas que um profissional só deve usar como síntese extrema de seus raciocínios.

O "como" é lendo, estudando e comendo. Alberto Denti de Pirajno escrevia com razão que não é suficiente uma brilhante ampola retal para fazer de um homem um crítico gastronômico. Digerir bem é uma sorte, mas é apenas um ato físico. Isso quer dizer que contam também a cultura e o raciocínio que antes eram adquiridos de maneira mais empírica que agora, basta ver as universidades do gosto, verdadeira e bendita novidade do novo século.

Em qualquer campo, a crítica é expressão do julgamento. Sempre: do contrário, é crônica. O exercício da crítica pode ser considerado objetivo ou está destinado, por sua própria natureza, a ser condicionado pelo Eu?

É preciso entender bem o que é esse Eu. Se nos referimos ao gosto e às disponibilidades pessoais a resposta é não, mas se, ao contrário, estamos falando dos conhecimentos, é sim. Vou explicar. Bom e ruim, como belo e feio, não são categorias deveras abstratas. O famoso ditado segundo o qual "quem ama o feio, bonito lhe parece" pertence à categoria dos sentimentos pessoais e é citado toda vez que se deve justificar uma negatividade, como uma espécie de consolação. Mas o fato de que podemos nos apaixonar por alguma coisa ou por alguém independentemente de sua aparência não torna esses sujeitos belos, tampouco bons. Eles nos agradam pelas emoções que suscitam em nós, mas isso nada tem a ver com uma crítica gastronômica verdadeira e séria.

Um crítico não pode comer — e, consequentemente, julgar — com base nos próprios gostos. Se alguém prefere, por exemplo, o peixe à carne ou tem pouca simpatia pelo mundo vegano, não pode se recusar a esses aspectos da culinária a ponto de exprimir avaliações do tipo "que sentido tem uma bisteca Fiorentina" ou "patéticos pratos de verduras". Isso é porcaria barata. Posso conceber um gastrônomo vegano, não um crítico — que no final se dedique exclusivamente a seu mundo é inevitável, mas limitaria seu peso ao limitar seu raio de ação.

A um crítico peço objetividade e seriedade no momento de julgar. Pagar a conta não transforma um incompetente em especialista de valor. Uma avaliação deve nascer de experiências e conhecimentos precisos e autorizados, de escolhas precisas anteriores a um guia ou coluna de jornal. Se alguém resolve premiar a leveza e a digeribilidade de uma cozinha, não pode destacar depois quem usa manteiga, creme e frituras em demasia.

A crítica deve ser objetiva e deve responder a cânones partilhados por quem critica e por quem usufrui daquela crítica. É verdade que o conceito de "al dente" de um risoto ou de uma massa muda, mas fixado o ponto exato além do qual o prato ficou cozido demais — ou cru demais, se retirado do fogo antes da hora —, ele deve servir de ponto de referência, mais ou menos como começamos a contar os fusos horários a partir do meridiano de Greenwich, no Reino Unido.

Mas uma objetividade partilhada por todos nunca vai existir, talvez só na Coreia do Norte, mas teríamos, então, uma ditadura. E também é lógico que, de determinados pressupostos, teríamos um ponto máximo que varia de guia para guia, embora, quanto mais alto se chega na pirâmide de valores, menores sejam as diferenças. Assim como, depois de convocados os jogadores de uma seleção nacional de futebol, as discussões nunca dizem respeito a todas as 11 posições. Estou convencido de que, se o Eu condiciona o julgamento no nível emocional, não estamos mais diante de uma ação séria de análise e de crítica. Em uma síntese extrema: a cozinha de um restaurante pode ser lógica, tecnicamente perfeita, completa, mas se não se inclui nos meus parâmetros, não vai me agradar.

O que comeremos daqui a vinte anos? Qual é o destino da alta (boa) cozinha?
Espero que possamos comer por escolha e não por imposição. Quando se fala dos bons tempos de outrora, da comida genuína e boa de nossos avós, se esquece que nossos avós viveram a Segunda Guerra Mundial e alguns até a Primeira — os meus, com certeza, pois nasci em 1955 — e que, de uma maneira mais geral, a ampla maioria dos italianos comia aquilo que a pobreza lhes permitia, ou seja, pouco e mal, embora se costume dizer que a fome torna qualquer comida boa, mas aí trata-se de um bom imposto pelo desespero. Com isso pretendo dizer que queria muito que daqui a vinte anos a cozinha de massa — os ricos e os parasitas sempre comeram bem — não seja condicionada por pesados conflitos econômicos, sociais e religiosos e que ainda se possa escolher por prazer e cultura pessoal.

Vejo um consumo cada vez menor de carne em proveito das hortaliças e de uma cuidadosa dieta nutricional, pois será cada vez mais importante prevenir as grandes doenças que afligem a população. Será imperativo cuidar dos saudáveis para não ter de cuidar dos problemas dos doentes. Prevenir mais do que intervir, com um esforço notável para mudar a cabeça das pessoas e das instituições, pois não se muda a máquina-saúde com uma varinha de condão, e cada corporação da Itália defende a si mesma além de qualquer lógica real e justificável.

O papel da crítica será o de sempre: orientar. E quem não souber captar as mudanças, tais como se revelarem, acabará à margem, como sempre aconteceu. A alta cozinha se dividirá cada vez mais entre uma qualidade difusa em formato bistrô e refinadíssimas hipérboles para uns poucos afortunados. E será uma alta cozinha cada vez mais espalhada pelos quatro cantos do planeta, onde será cada vez mais frenética a busca de novidade. Assim como, esgotado o conhecimento dentro dos nossos confins, vamos em busca de novos sabores e novos conhecimentos, também acontecerá com a Terra. E teremos de inventar novos "luxos", novas excelências, um pouco como em 1986, quando Reinold Messner, escalando sozinho o 14º e último cume além dos 8 mil metros, fechou de certa forma a história do alpinismo e deixou aos outros a tarefa de inventar uma nova história sem se afastar do nosso planeta.

Paolo Marchi nasceu em Milão e durante 27 anos tem sido colunista da redação esportiva do *Giornale*, onde se responsabilizou durante duas décadas pela coluna *Cibi Divini* [Alimentos divinos] e durante 12 anos pela página *Affari di Gola* [Questões de gula]. Foi professor da faculdade de Agrária, da Università di Parma, onde ministrou o curso de Jornalismo gastronômico. Em 2004 teve a ideia que mudou sua vida: criar o *Identità Golose*, primeiro congresso italiano de cozinha de autor. Em maio de 2007 é publicada a primeira edição de *Identità Golose, Guida ai Ristoranti d'autore di Italia, Europa e Mondo* [Identidades gulosas, Guia dos restaurantes de autor da Itália, Europa e mundo], um guia da nova cozinha mundial. Em junho de 2009 o congresso estreia em Londres e, em seguida, em San Marino e em Nova York, em 2010. Editou livros de receitas, outros livros e guias de culinária. Em junho de 2006 ganhou o Prêmio Veronelli como escritor gastronômico emergente.

ALESSANDRA MELDOLESI

Escolhi Alessandra Meldolesi pelo seu jeito um pouco insolente e denso de escrever. Seu estilo é feito de saltos felinos de um ramo a outro do conhecível e do comestível, humano ou não. E também porque confio nela como comensal, apesar de ser irremediavelmente magra.

Em um mundo obcecado pela comida — seja porque é demais, seja porque não é suficiente —, é indispensável aprender a reconhecer o Bom. Como e onde?
Por experiência pessoal sou levada a crer que a agnição do bom é, antes, um instinto do que um aprendizado. Que, certamente, deve ser cultivado comendo com pessoas que entendem do assunto e frequentando os restaurantes certos. Mas, fundamentalmente, trata-se de uma pulsão para a estetização da cotidianidade, combinada a uma grande abertura para o perigo, a uma entrega incondicional e generosa de si e dos próprios sentidos — características imprescindíveis para o consumidor implícito da refeição contemporânea, bem mais

importante do que o adestramento sensorial ou que a cultura do produto.

Não podemos esquecer que a culinária talvez seja a única arte que pode matar — e o pensamento voa para o fugu ou baiacu japonês —, coisa que provavelmente explica o atraso histórico que apresentou em relação a outras disciplinas, como, por exemplo, na recepção de sensações negativas ou na ampliação da receptividade organolética por meio da produção do choque — conquistas recentíssimas, cujo mérito cabe a cozinheiros como Paolo Lopriore e Andoni Luis Aduriz.

Em qualquer campo, a crítica é expressão do julgamento. Sempre: do contrário, é crônica. O exercício da crítica pode ser considerado objetivo ou está destinado, por sua própria natureza, a ser condicionado pelo Eu?

Immanuel Kant, como aconteceu com Roberta, também foi o primeiro que me veio à mente quando li a pergunta, porque, mesmo sem aprofundar, como ela, creio que defendia a objetividade do belo como correspondência entre os nossos *a priori* e o objeto artístico. Nada mais fácil do que transportar e aplicar essa concepção ao mundo culinário, como faz inconscientemente boa parte da crítica quando desanda a falar de equilíbrio gustativo, ergonomia do gosto *et similia*. Como se o prato fosse uma projeção octogonal de papilas fungiformes, filiformes e grandes vales. É uma pena que todas as épocas e todos os lugares tenham adotado concepções bastante distantes do belo (e do bom), basta pensar na consideração das dissonâncias no Oriente e no Ocidente, o que nos obriga a certos esforços suplementares. Contudo, o relativismo também não é a solução, somos obrigados, isso sim, a fincar os olhos no prato, que é um pouco como o espelho em movimento de que falava Stendhal a propósito do romance: uma superfície lisa, escorregadia, mutante, que, antes de mais nada, nos descreve a nós mesmos. Portanto, em outras palavras, como qualquer superfície refletora, uma heterotopia à moda de Foucault, ou seja, um espaço conectado a outro, de um modo capaz de perturbar seus ordenamentos e definições. Quem se coloca diante da cozinha viva buscando confirmação para seus preconceitos não pode deixar de ficar perturbado e de rejeitá-la. Eu, ao contrário, acredito que a cozinha boa é aquela que, em determinado momento, é capaz de falar do modo mais fiel e flexível da contemporaneidade. O bom crítico é o campeão olímpico desse dificílimo tiro ao prato. Há uma citação de Cocteau que adoro: "A poesia é uma eletricidade", diz ele a propósito da Condessa de Noauilles e de Tristan Tzara. "Todos os dois a transmitem. A forma das lâmpadas e dos abajures não importa."

O que comeremos daqui a 20 anos? Qual é o destino da alta (boa) cozinha?
Vamos abandonar o eurocentrismo: esta é uma grande época para o mundo da culinária. Espero que não pensem que estou cometendo uma blasfêmia ao tomar emprestada uma imagem de Pascal para desenhar a culinária globalizada: um círculo infinito cujo centro está em toda parte e cuja circunferência não está em lugar nenhum. Nos dias de hoje, um estalar de chicote na Cidade do México pode agitar o *brainstorming* em Senogália, tanto ou mais que o velho bater das asas de uma borboleta. Isso equivale, para começar, a uma forte desorientação, no sentido em que a agulha da velha bússola apontava de maneira estável para o Leste — as dívidas para com o Japão são incomensuráveis —, enquanto, agora, parece enlouquecida, ora vai para o Norte, logo para Sudoeste e, depois, sabe-se lá para onde.

No meio disso tudo, o velho continente parece petrificado pelas medusas, refugiando-se na coalhada instantânea de uma tradição sentimental, que está destinada a diluir-se pelo menos um pouco em algo de trêmulo e levemente baboso. A Itália também está procurando seu quadradinho, visto que a adesão incondicional às tendências mundiais — o naturalismo, as ossificações puritanas — nos excluiu da culturalização da paisagem, como a Land Art em seu tempo. A hipertrofia da nossa história nos condena a encontrar uma solução original.

A tendência dos próximos anos será, certamente, o retorno à "substantividade" do produto. Mais ou menos como no filme *O grande truque*, que recorda que qualquer número de ilusionismo é composto de três fases: a promessa, na qual se apresenta uma situação cotidiana; a reviravolta, com a mágica e a suspensão da incredulidade, e, enfim, o retorno à normalidade. Pois bem, também na cozinha a mágica acontecerá quando a matéria-prima voltar plenamente ao centro da cena, depois do rapto espanhol. Os maiores cozinheiros serão aqueles que conseguirem conciliar a prepotência do ingrediente com uma forte dimensão autoral: este é o paradoxo vencedor. Mas tem uma adivinhação que não me sai da cabeça: "Se disser meu nome, não existirei mais": Benigni e Cerami pensaram no silêncio, mas o que me vem à mente é a vanguarda.

Ex-cozinheira em Paris no restaurante Petrossian, **Alessandra Meldolesi** é jornalista especializada, crítica gastronômica, tradutora e *sommelier*. Seu segundo palato nasceu nas margens de uma estrada da Úmbria, ao morder uma torta *al testo** com verduras amargas; o terceiro nasceu nas mesas do Mugaritz, templo da vanguarda basca, na companhia de Bob Noto.

---

* Massa achatada e redonda típica da região italiana da Úmbria, feita com água, fermento, sal e azeite, assada em uma chapa de gusa, o *testo*. [*N. da T.*].

Bob Noto

Escolhi Bob Noto porque é o único fotógrafo culto e irônico — adjetivos que raramente caminham juntos —, que consegue capturar a imagem de um prato como se fosse o retrato de quem o preparou. E, depois, porque gosta de estar à mesa quase tanto quanto de fotografar.

Em um mundo obcecado pela comida — seja porque é demais, seja porque não é suficiente —, é indispensável aprender a reconhecer o Bom. Como e onde?
Curioso, nunca houve um período tão estimulante para a cozinha, justo em um momento em que o dinheiro nunca foi tão escasso. E talvez isso não seja fruto do acaso. Mas, bem longe de querer ser gastroapocalípticos, vamos voltar ao presente. A ampliação dos sinais e das informações sobre e da rede, dos *social networks*, da televisão e de seus programas torna as coisas mais próximas, não no sentido físico, mas, antes, no sentido figurado do termo, no qual a proximidade se transforma em concordância, conhecimento, compartilhamento. A cozinha é democrática e global: de fato, ao contrário de tantas outras paixões — colecionismo de arte, carros —, a força da culinária é justamente o fato de ser um luxo ao alcance de todos, paixão pura e mescla de gêneros e estímulos que, fazendo uso de uma correta transmissão da cultura gastronômica, é capaz de fornecer *omnia mundi* instrumentos que permitem reconhecer produtos de ótima qualidade com preços reduzidos. Saber comprar, saber comer e beber bem, reconhecer como e onde fazê-lo, torna-se não apenas excitante, mas é também eficiente instrumento transversal de consciência. Sempre recordando que a cozinha se baseia em verdadeiras performances ao vivo, que mudam a cada vez e que de-

pendem de diversos fatores não governáveis, sendo o primeiro deles justamente a matéria-prima — sobretudo quando é biodiversificada e não padronizada.

Em qualquer campo, a crítica é expressão do julgamento. Sempre: do contrário, é crônica. O exercício da crítica pode ser considerado objetivo ou está destinado, por sua própria natureza, a ser condicionado pelo Eu?

Somente quem possui o gene dominante "T" é capaz de perceber o gosto da Pheniltiocarbamide (PTC). As papilas de alguns são agredidas por um sabor extremamente amargo, enquanto outros não sentem absolutamente nada. Este é apenas um dos exemplos que podem ser dados: na realidade, não experimentamos exatamente as mesmas sensações ao degustar um prato ou um produto. Isso depende de múltiplos fatores, sejam físicos — cada um de nós tem enzimas diferentes no palato, o que modifica a percepção dos sabores —, sejam, sobretudo, culturais. Os franceses são chamados pejorativamente de *frog eaters*, os britânicos comem esquilos, mas não coelhos, os estadunidenses comem coelhos, mas não esquilos. O que é delicioso para um povo pode ser repugnante para outro. Dificilmente um indivíduo do Gabão apreciará plenamente o caviar, o champagne ou as trufas, não acham? A tarefa do crítico é tentar encontrar uma linha de pensamento coerente com os próprios gostos e saber transmiti-la ao público. Cabe a nós a decisão de ler ou não as suas resenhas.

O que comeremos daqui a vinte anos? Qual é o destino da alta (boa) cozinha?

O mundo gastronômico, como dizíamos, nunca esteve tão atento e aberto às influências recíprocas. A culinária está se movendo em várias e múltiplas direções, ajudada por um mundo que faz do gosto o próprio esperanto. Derrubadas as fronteiras do paladar, temos o surgimento de restaurantes de alta cozinha de autor em países insuspeitáveis, países que, embora tenham fortes tradições culinárias populares, não tinham no DNA, por sua história, este tipo de cultura gastronômica. Mais ou menos, para dar um exemplo, como a Espanha antes de Ferran Adrià. A partir da culinária nórdica de René Redzepi, com o seu Noma de Copenhagen, para citar um dos mais aclamados do momento, que criou uma cozinha de vanguarda fortemente ancorada no território, sem influências históricas ou condescendências galicizantes; a partir da cozinha do peruano Gaston Acurio, de Lima, ou do brasileiro Alex Atala em seu D.O.M., em São Paulo, ou do russo Anatoly Komm, de Moscou, a cozinha está se irradiando pelo mundo sem que exista um *hub*, um centro único de partida e de inspiração. Ao mesmo tempo, o fenômeno cada vez mais disseminado da "bistronomia", ou seja, da alta cozinha a baixo custo, liberou um setor antes destinado a poucos afortunados, democratizando-o visivelmente. Dito isso, prever como comeremos daqui a vinte anos é uma tarefa muito superior às minhas capacidades. Desculpe.

Bob Noto nasceu em 1956 em Turim, onde vive e trabalha. É casado com uma mulher estupenda chamada Antonella e é coproprietário de um prestigioso animal de companhia chamado Rocky. Trabalha com fotografia, gráfica e gastronomia. Colaborou e colabora com as mais prestigiosas publicações e guias da Itália e do exterior. Junto com Alessandra Meldolesi publicou os livros *Cracco, sapori in movimento* [Cracco, sabores em movimento]; *Grandi chef di Spagna* [Grandes chefs da Espanha]; *6 – autoritratto della cucina italiana d'avanguardia* [6 – autoretrato da cozinha italiana de vanguarda] e *Bussetti Cookbook*. Realizou os livros *Dieci anni di coffee design* [Dez anos de coffee design] e *Tribulli – A Tribute to el Bulli* [Tribulli - um tributo a El Bulli].

Davide Oltolini

Escolhi Davide Oltolini porque, enquanto técnico, purista e, diria eu, higienista do paladar, representa tudo aquilo que não tenho. Além disso, consegue preencher minhas lacunas no campo enológico.

Em um mundo obcecado pela comida — seja porque é demais, seja porque não é suficiente —, é indispensável aprender a reconhecer o Bom. Como e onde?
Quando pensamos em uma comida ou em um vinho bom, estamos nos referindo a um produto que pode ser refinado e apreciado, mas, de todo modo, é apreciável e agradável. No entanto, trata-se de um juízo que só podemos exprimir graças a análises sensoriais, ou seja, àquele exame efetuado através dos próprios sentidos — a visão, o olfato, o tato e o paladar. Outros tipos de análises, como a físico-química, ainda não são, de fato, capazes de determinar o efetivo nível qualitativo de uma comida ou bebida. Obviamente, a degustação hedonista tem modalidades (e finalidades) muitas vezes diferentes das da degustação profissional, mas o hábito, que caracteriza os dois, de prestar atenção naquilo que nossos sentidos transmitem, uma vez adotado pode ser validamente empregado para apreciar também muitos outros aspectos ligados aos prazeres da vida de todo dia: da pintura à escultura, da natureza à música.

Em qualquer campo, a crítica é expressão do julgamento. Sempre: do contrário, é crônica. O exercício da crítica pode ser considerado objetivo ou está destinado, por sua própria natureza, a ser condicionado pelo Eu?
Obviamente, e como qualquer outra atividade humana, a crítica é condicionada pelo Eu de quem a exerce, embora

existam parâmetros que ajudam a estabelecer uma avaliação da maneira mais objetiva possível. Quando julgamos um vinho, por exemplo, tomamos como base a limpidez, a cor, eventualmente o refinamento da *perlage*, no caso de um espumante ou de um champagne, a elegância e a complexidade do buquê, a estrutura, a qualidade das sensações gustativas e seu equilíbrio, além da persistência no nível gusto-olfativo. Estes fatores resultam da escolha das cepas usadas, dos terrenos onde foram plantadas, de sua exposição e posição geográfica, da densidade de implante e do rendimento do vinhedo, ou seja, a quantidade de uva produzida por uma unidade de superfície — lembrando sempre que a qualidade, como em outros setores, não caminha junto com a quantidade —, das técnicas de vinificação e das modalidades de maturação e, eventualmente, de envelhecimento. Esses são elementos que podem, naturalmente, ser avaliados com certa objetividade. O mesmo pode ser dito quando julgamos um restaurante e analisamos a agradabilidade, a complexidade e o equilíbrio de um prato, a qualidade da matéria-prima, a técnica culinária, mas também a carta de vinhos, de destilados, e a oferta de outras bebidas, o carrinho dos queijos, a locação, a *mise en place*, a limpeza e o nível do atendimento. Obviamente, a crítica não tem como ser alheia à cultura, ao profissionalismo e à experiência de quem a exerce — fatores que muitas vezes representam precisamente o valor agregado de um determinado julgamento. Todavia, é claro que o gosto pessoal não deve prevalecer: é possível, por exemplo, não gostar particularmente de uma determinada cepa, mas não é possível ser incapaz de reconhecer um grande vinho, mesmo que seja produzido com a uva em questão ou, pior ainda, penalizá-lo.

O que comeremos daqui a vinte anos? Qual é o destino da alta (boa) cozinha?

É difícil dizer o que comeremos daqui a vinte anos, mesmo porque os fatores que podem influenciar esse dado são realmente múltiplos e complexos, entre os quais ganha destaque a crise econômica que sufoca grande parte do planeta. Certamente a cultura culinária e o cuidado com a alimentação estão em permanente crescimento, assim como as técnicas de cozinha e o nível das preparações oferecidas por um grande número de restaurantes onde operam chefs valorosos, tanto na Itália, quanto no restante do mundo. O mesmo pode ser dito em relação à oferta enológica que irá acompanhar os pratos à mesa, oferta esta cujo nível qualitativo parece estar, ele também, em contínua e positiva evolução. Seja bem-vinda, portanto, a inovação, desde que não se encaminhe para fins extremos, com o único objetivo de assombrar o cliente, e tampouco para negligenciar as técnicas básicas da cozinha ou esquecer o enorme patrimônio dos pratos ligados à tradição, que muitas vezes se prestam, inesperadamente, a esplêndidas reinterpretações que não deixam de considerar as mais modernas exigências nutricionais.

Crítico enogastronômico especialista em análises sensoriais — vinhos, destilados, águas, cafés, queijos, embutidos, sorvetes, chocolates —, **Davide Oltolini** dirige desde 2012 o quadro *Sapere i sapori* [Saber os sabores] do programa *Uno, Mattina in famiglia* [Uno, manhã em família], da Rai Uno, e outro quadro no programa televisivo *Sapori E* [Sabores E], veiculado pela *7 Gold*. Seus artigos têm sido publicados por muitos títulos nacionais, de *Cucina*, no *Corriere della Sera*, a *Capital*; de *Panorama* a *La Cucina Italiana*. Suas resenhas críticas de restaurantes, *trattorias* e outros são publicadas nos Guias do Gambero Rosso. Fez parte dos júris técnicos de inúmeros concursos enogastronômicos internacionais.

Mario Peserico

Escolhi Mario Peserico porque é uma agradabilíssima companhia à mesa. Além disso, espero um dia conseguir botar as mãos em seu *libretto nero*: um livrinho onde ele, grande viajante, avalia para uso particular todos os restaurantes do mundo que visita a cada ano — cerca de trezentos.

Em um mundo obcecado pela comida — seja porque é demais, seja porque não é suficiente —, é indispensável aprender a reconhecer o Bom. Como e onde?

Em toda parte. Considero "bom" aquilo que se encontra particularmente nos alimentos colhidos em sua pureza. Aqueles que quase sempre ingerimos refinados ou temperados, mas que são, ao contrário, fundamentais para fazer a diferença em qualquer preparação. Se devo pensar no "bom", penso em um ovo cozido sem tempero, um morango maduro no ponto certo, um peixe filetado assim que é pescado.

O problema é que não temos mais o hábito de lidar com os sabores de base, pois tudo chega às nossas mesas preparado e muitas vezes dizemos que gostamos de um prato mesmo quando temos dificuldade para distinguir seus ingredientes. Deveríamos, ao contrário, ir em busca das "fontes do nosso gosto": creio que esta é a chave para melhor apreciar os alimentos. Não falo apenas da alta cozinha, mas da comida de cada dia.

Outro modo de reconhecer o "bom" é dedicar algum tempo a isso. Comemos sempre correndo, com o telefone na mão e a cabeça no próximo compromisso, e para perceber os gostos, apreciar os sabores, é preciso, ao contrário, que nossos sentidos estejam sincronizados e não distraídos por outras coisas.

Em qualquer campo, a crítica é expressão do julgamento. Sempre: do contrário, é crônica. O exercício da crítica pode ser considerado objetivo ou está destinado, por sua própria natureza, a ser condicionado pelo Eu?

O juízo é sempre condicionado pelo Eu e pelas experiências subjetivas. Se não fosse assim, a análise de qualquer argumento já estaria amplamente exaurida. Recentemente, um amigo me falou de sua própria infância em Ohio, no final dos anos 1960. Para ele, comer "peixe" significava consumir aqueles em conserva, em lata. Pois bem, desde então ele detesta peixe, e não sabe nem o que está perdendo. Eu tive a sorte de crescer em uma família de sólidas tradições regionais lombardo-vênetas, na qual todos sentávamos à mesa no almoço e no jantar e bebíamos, com moderação, vinho de boa qualidade... Meu pai nos levava com frequência ao restaurante. Não há dúvida de que tudo isso permitiu que eu enfrentasse o mundo do gosto com bases mais amplas.

O que comeremos daqui a vinte anos? Qual é o destino da alta (boa) cozinha?

Creio que será importante não perder o cuidado com as matérias-primas, e para isso o consumidor deverá exigir qualidade; ela só poderá ser defendida e garantida graças à sensibilização dos consumidores. Não me refiro apenas às excelências, importantes como ápice de um sistema, mas, antes e sobretudo, aos produtos de consumo mais amplo. Comeremos aquilo que comemos hoje, surgirão novas modas, "retornos ao passado" e excessos, mas, essencialmente, a boa cozinha estará cada vez mais ao alcance de todos. O sucesso de um produto ou de um cozinheiro passará cada vez mais por sua popularidade e a cozinha, em suas diversas formas, inclusive a alta cozinha, será mais facilmente desfrutável.

Mario Peserico é administrador delegado de Eberhard Italia e diretor-geral da sede suíça de Eberhard & Cia. É, ademais, presidente da Assorologi, vice-presidente do Comitê permanente da relojoaria europeia, presidente da Indicam e vice-presidente da *Unione Confcommercio Milano*.

Carlo Petrini

Escolhi Carlo Petrini porque, cada vez que o ouço ao vivo, sinto-me delegada a difundir seu Verbo no mundo. Poucas pessoas possuem sua capacidade visionária quase sagrada de falar de comida como se a salvação da humanidade dependesse disso. E, de fato, depende.

Em um mundo obcecado pela comida — seja porque é demais, seja porque não é suficiente —, é indispensável aprender a reconhecer o Bom. Como e onde?
O Bom é o ponto de partida básico de qualquer crítica gastronômica. A própria gastronomia nasce como arte da maximização do Bom, no sentido de que os pratos e as preparações nascem para extrair o melhor das matérias-primas da terra. Por isso, não se pode prescindir da educação do gosto ao Bom, de reconhecê-lo e segui-lo. Dito isso, no campo gastronômico, o Bom não esgota o conceito de qualidade alimentar se não for acompanhado por duas outras categorias: o limpo e o justo. O limpo indica a sustentabilidade ambiental de um produto. Em um mundo e em um tempo em que a química e a genética são capazes de modificar sensivelmente o ciclo vegetativo de uma planta ou o crescimento de um animal, a qualidade alimentar se reconhece naqueles alimentos que não poluem os recursos naturais de maneira irreversível. O justo, enfim, indica a sus-

tentabilidade social de um alimento. Uma remuneração correta para os produtores e para os atores do ramo, assim como condições de trabalho dignas e respeitosas das culturas.

Este é o conceito de qualidade alimentar para Slow Food, e o bom não é Bom se não satisfaz todos os três critérios. Uma educação para o gosto, e, portanto, para o Bom, não pode se limitar às qualidades organoléticas de um alimento, mas deve ir além e explorar o campo do limpo e do justo. Não existe Bom sem sustentabilidade ambiental e social.

Em qualquer campo, a crítica é expressão do julgamento. Sempre: do contrário, é crônica. O exercício da crítica pode ser considerado objetivo ou está destinado, por sua própria natureza, a ser condicionado pelo Eu?
O dicionário etimológico indica no verbete crítica a seguinte definição: "do verbo grego *Krino*, julgar. Arte ou ciência de julgar, segundo os princípios do verdadeiro, do bom e do belo, as obras da inteligência." Esta definição responde, em parte, à questão da objetividade da crítica gastronômica. O conceito de bom, em particular, é um conceito cultural, e enquanto tal é filho da sociabilidade e da história das pessoas, história esta que, por sua vez, é construída pelo contexto ambiental e social no qual cada pessoa se forma.

Cada cultura e cada povo, e, no interior de cada povo, cada comunidade, tem as próprias e peculiares características históricas, que remontam ao perene diálogo do homem com o próprio ambiente natural e com os recursos nele disponíveis. Além disso, as construções humanas, principalmente a religião, orientaram desde sempre e de maneira preponderante as preferências dos homens e das mulheres em todo o mundo.

Logo, é obviamente necessário estabelecer categorias, no âmbito das quais tenha sentido exprimir uma crítica gastronômica, para não cair em um relativismo excessivo. Acredito que bom, limpo e justo sejam adequados para desempenhar esse papel.

O Eu que critica deve ser, em primeiro lugar, um Eu educado e informado, portanto, a própria crítica gastronômica não pode prescindir de um conhecimento do contexto antropológico, sociológico, agrícola e ambiental do lugar em que se coloca. O alimento é uma coisa comum a todos os seres humanos em cada canto do planeta. Contudo, é exatamente essa universalidade que torna difícil uniformizar suas variações segundo categorias preconcebidas.

Por último, creio que o próprio conceito de crítica gastronômica só ganha sentido na medida em que se torna um instrumento de discussão e análise do sistema de produção, distribuição e consumo do alimento. Do contrário, cai-se no exagero de uma imagem da gastronomia — que é uma ciência complexa e multidisciplinar — superficial e fechada em si mesma em uma dimensão autorreferente e de curtíssimo fôlego.

O que comeremos daqui a vinte anos? Qual é o destino da alta (boa) cozinha?
É, certamente, uma pergunta complicada, creio que precisaria de uma bola de cristal para responder com segurança. Contudo, acho que a alta cozinha vai se adequar à forma que o sistema alimentar mundial assumir em seu conjunto. Digo isso porque estou profundamente convencido de que a alta cozinha e o mundo dos restaurantes, em geral, são e devem ser parte integrante do sistema produtivo e distributivo do alimento, assumindo e tornando próprias todas as suas contradições.

Diante de um planeta no qual 800 milhões de pessoas sofrem de desnutrição, não se pode conceber um Ocidente rico que se embala na discussão de sua própria alta cozinha sem se colocar o problema de uma parte tão grande do mundo.

Vejo também uma tendência posterior: a crise econômica e social que distingue estes tempos está mudando nossa abordagem da agricultura e do alimento. Sinais de um retorno à terra chegam de várias partes. Está crescendo uma sensibilidade nova em relação ao trabalho agrícola e à relação entre produção e meio ambiente. A demanda de alimentos saudáveis, locais, produzidos em pequena escala e possivelmente biológicos tem servido de motor para um processo que gera economias sustentáveis do ponto de vista econômico e ambiental. A alta cozinha, como "ponta do iceberg" do sistema, já está se adaptando a essa tendência, e isso deve aumentar nos próximos anos. É cada vez maior o número de grandes chefs que cultivam a própria horta ou recorrem a agricultores da vizinhança, e a atenção à proveniência das matérias-primas ganha cada vez mais força e espaço, inclusive nos menus. Creio que a alta cozinha também deverá voltar à terra.

Carlo Petrini começou a ser reconhecido como enogastrônomo graças a seus artigos para revistas e jornais italianos e suas contribuições para o nascimento da revista *Gambero Rosso*. Em seguida, fundou a *Libera e Benemerita Associazione degli Amici del Barolo* [Livre e Benemérita Associação dos Amigos do Barolo], primeiro núcleo da Arcigola, liga enogastronômica da ARCI [Associação Recreativa e Cultural Italiana], e também o Slow Food, movimento internacional para a salvaguarda das cozinhas locais e da qualidade dos alimentos. Criou manifestações como *Cheese*, *Salone del Gusto* e *Terra Madre* e é autor de livros e colaborador de *La Stampa*, *Unità* e *La Repubblica*, entre outros. Em 2013 o documentário *Slow Food Story* reconheceu o percurso da "revolução lenta" iniciada por Petrini para a afirmação de uma ideia do alimento como valor social. Seu livro *Cibo e libertà*.

Slow Food: storie di gastronomia per la liberazione [Alimento e liberdade. *Slow Food*: histórias de gastronomia pela libertação], reconstrói a história do movimento desde as origens até hoje.

Maurizio Porro

Escolhi Maurizio Porro porque é uma voz respeitada no campo do cinema e porque queria destacar os muitos pontos comuns entre a crítica e as várias disciplinas artísticas, como o cinema, por exemplo. O que me traz à mente uma frase que li não sei onde: "Existem no mundo mil cozinheiros excelentes. O que faz a diferença é o enredo, como acontece no verdadeiro cinema comparado ao filme pornô."

Quais são os pontos de contato entre os vários campos da crítica?
É difícil estabelecer um vade-mécum que seja válido para qualquer tipo de crítica. Seria preciso passar do objeto ao sujeito, isto é, a quem escreve e julga — ou julga e escreve —, na medida em que os pontos em comum derivam do estilo, da cultura, da sensibilidade, do modo de escrever, da emotividade, do raciocínio, em suma, da personalidade do próprio crítico. E muito também de sua idade: obviamente, porque, embora pareça retórico explicá-lo, entre os trinta e os 35 anos somos impiedosos, depois, irônicos e, por fim, compreensivos. A verdadeira relação se dá entre as coisas que já vimos, lemos, admiramos, sentimos e, de certa forma, armazenamos e o restante do mundo, ou seja, aquilo que potencialmente ainda nos é desconhecido. O termo de comparação com o passado representa a âncora de salvação, mas é também uma diabólica comparação da qual o presente sai quase sempre derrotado, com a ajuda de uma mais-valia proustiana da memória e da

nostalgia. Portanto, os pontos de contato entre o cinema, o teatro, a música são o fato de que, seja como for, trata-se de uma representação, algo que assistimos em uma sala junto com outras pessoas — nem sempre desconhecidas, ou, melhor, com aqueles nomes de sempre —, enquanto a situação muda quando se trata de uma crítica literária que prevê uma experiência quase sempre solipsística. Mas, mesmo no que diz respeito ao cinema e ao teatro — falo por experiência própria —, a crítica deve poder ser dialética e pronta para a mudança: criticar um filme digital de hoje como se fazia com *O Leopardo* ou *E o vento levou* ou *Ben Hur* é simplesmente impossível, e creio que a mesma coisa aconteça nos outros campos da crítica. Não ouso falar de arte e de exposições e instalações etc., mas, no que diz respeito ao teatro — retorno à minha área —, a completa, total e muito vital transformação que ele está vivendo levou-o igualmente a modificar os parâmetros da crítica e a abalar sua relação com o outro, ou seja, com o espectador. Estamos sempre no terreno de Pirandello, mas ele intuiu a Relação, não os muitos, infinitos e variáveis modos de realizá-la. Hoje — mas o primeiro a fazer isso foi Ronconi, grande e genial inovador das últimas décadas —, o teatro abate suas paredes, colocando-se quase em igualdade de condições diante de um espectador que, talvez em uma experiência solitária, penetra no recinto mágico do palco ou experimenta o prazer do espetáculo itinerante ou a passagem de uma sala a outra ou, ainda, a visão pelo buraco da fechadura como no Big Brother, pois o teatro é, afinal, ou melhor, no princípio, um bisbilhotar a vida alheia. Mas a relação muda completamente, assim como muda quando vemos um filme em DVD e nós somos os gigantes e eles os anões, quando se altera a primitiva proporção da chamada, não por acaso, tela grande. Retirar o teatro de seu círculo mágico, onde brilhou graças ao gênio de

Strehler, que representa o teatro em sua mágica essencialidade, feito com as mãos e com as luzes, não com os truques dos efeitos especiais hoje visíveis até no palco, onde se tornou possível fazer closes e planos americanos. Portanto, neste sentido, o teatro se aproxima cada vez mais do cinema — ver a mudança total da ideia de roteiro que vem acontecendo há alguns anos — e quase poderíamos dizer que formam uma coisa só, que muitas vezes usa as mesmas regras e as mesmas relações contextuais e até emocionais.

Em um mundo obcecado pela comida é indispensável aprender a reconhecer o Bom. O mesmo não acontece no cinema e na arte? Como reconhecer o Belo?
Ora, ele é reconhecido, ou não, cedo ou tarde demais. O verdadeiro problema é estar em sintonia e propor à plateia algo que ela é capaz de apreciar exatamente naquele momento, o que pode ser dito também a respeito do cozimento de um prato de gastronomia. Devemos comer, ensinam os sábios camponeses, fruta e verdura da estação, ou seja, saborear as comédias ou filmes ou ficções que, não por acaso, nasceram neste momento, suspendendo a avaliação de todo o vasto repertório *vintage* — voluntário ou não. O mundo é obcecado por comida porque as mídias, sobretudo a televisão, participam desta campanha de obsessão, farta e exasperada como nenhuma outra antes. Sendo assim, reconhecer o bom entre as miríades de propostas que fascículos e programas de televisão, livros e ensaios, cozinheiros e senhoritas de bela presença oferecem, falando de iguarias caríssimas à famosa Itália que não consegue chegar à segunda semana do mês (uma vergonha), é praticamente impossível, mesmo porque isso depende das papilas gustativas, as mesmas que, transferidas para outras zonas do nosso olfato intelectual, podem nos levar a pre-

ferir Visconti a Fellini, Kazan a Tarantino, Hitchcock a Cukor etc. Mas, seja como for, não se reconhece o Belo no cinema e no teatro, pois ele é, felizmente, subjetivo, não classificável e, às vezes, e são os melhores casos, nem sequer explicável. E tampouco é necessário reconhecê-lo oficialmente. Basta avistá-lo e indicá-lo, à espera de que o Tempo, único controle, emita seu veredicto. Numa macabra hipótese paroxística, um autor só pode ser julgado *post mortem*, quando estaremos seguros de que seu diagrama criativo não poderá mais ser modificado. Ou não? Pois, às vezes, também os juízos variam, e devem variar, sendo consequentes e submetidos às emoções, à idade, ao estudo e até, talvez, à psicossomatologia de um percurso particular. E isso vale para todas as formas artísticas e se reflete também na missão dos artistas de teatro que podem em uma noite, se exibir com 100% de suas possibilidades ou com apenas 50%. São as consequências da poética romântica oitocentista, mas sempre atual, do gênio e do desregramento, as consequências do amor por este ofício — digo isto tanto para quem está em cena, quanto para quem está fora dela.

Este Bom e Belo pode ser considerado objetivo ou é condicionado, por sua própria natureza, pelo Eu?
Provavelmente esta resposta já está nas outras duas. É sempre e fortemente condicionado pelo próprio Eu em sua forma mais mutante e mutável, isto é, passível de mudar ordem e grau no Tempo. E a maiúscula indica a única verdadeira categoria estética da qual temos conhecimento e domínio. Digo isso com a consciência de quem nasceu em 10 de julho, como Proust.

Maurizio Porro, jornalista e crítico cinematográfico autorizado, foi, desde pequeno, assíduo frequentador de cinema e teatro. Passou alguns anos de formação no Piccolo Teatro, com Paolo Grassi: assistente de direção, operador cultural, relações com escolas, relações públicas com os jovens e uma temporada teatral no sentido estrito com Jacobbi, Puecher, para uma resenha de novos autores italianos. Crítico cinematográfico do *Corriere della Sera* desde 1974, publicou, em 2008, o livro *Mélo* (para Dizionari Cinema Electa).

Clément Vachon

Escolhi Clément Vachon pela alegria que consegue transmitir em sua própria mesa. Por sua visão planetária do mundo dos restaurantes e porque consegue me deixar morta de inveja: come um dia em Paris, com Ducasse, e no dia seguinte, *dim sum* no Maxim's de Hong Kong.

Em um mundo obcecado pela comida — seja porque é demais, seja porque não é suficiente —, é indispensável aprender a reconhecer o Bom.
A meu ver, é possível aprender a reconhecer o Bom tomando como base apenas dois fatores: o "como fazer" e o "saber fazer". Para o "como fazer" o único caminho é o estudo, a experimentação e a audição: degustar diversos tipos de alimentos provenientes de diversos territórios e receber com muita atenção as sensações que transmitem. Assim, trabalhamos as papilas gustativas ou a razão, diria eu, a parte pesada do nosso cérebro. Neste caso, temos muito a aprender com os *sommeliers*, para mim os melhores especialistas. Alguns deles estudam anos a fio, décadas, competem pelos vários títulos de *meilleur sommelier* de um país, de um continente, do mundo... para apurar posteriormente o estudo com o dificílimo Master of Wine: pouquíssimos no mundo, mas de altíssimo nível!

Mas tem também o "saber fazer"... para mim, a parte mais interessante, a parte suave do nosso ser... Aqui é o eu interior que se exprime, que quer discutir e intercambiar incessantemente, evoluir sempre, durante todo o percurso da vida. Devo recordar, porém, que Deus, em sua grande generosidade, dotou cada um de nós de papilas gustativas! Só me resta desejar-lhes boa experimentação...!

O Bom pode estar em qualquer lugar, e sempre! Explico melhor: não aprendemos a reconhecer o bom em um lugar específico, mas dentro de nós — a ligação entre nosso paladar, nossa mente, nosso coração. É, talvez, uma das coisas mais belas do mundo! Com certeza, isso aconteceu quando fiz a "viagem Gênova-Lima em 21 etapas" com Gaston Arcurio, ou "assisti ao nascimento de uma criação de Massimiliano Alajmo, uma sobremesa de 12 sensações", ou participei do projeto "Come to Italy" junto com Massimo Bottura... ou quando o jovem Simone Tonde abriu seu restaurante de Paris só para mim e alguns amigos, para ouvirmos Pierfrancesco Favino falar da Itália... Impossível esquecer o arroz-ouro, o espaguete-ovo, o ovo-ciber, o sushi-itália, a cebola-caramel...!

Em qualquer campo, a crítica é expressão do julgamento. Sempre: do contrário, é crônica. O exercício da crítica pode ser considerado objetivo ou está destinado, por sua própria natureza, a ser condicionado pelo Eu?

Que pergunta difícil, muito delicada e que, sinto muito, não sei responder, pois a palavra crítica não me agrada. Compartilho, no entanto, a ideia de Roberta de codificar regras que nos ajudem a expressar uma opinião. Creio que sua proposta destas sete regras vai servir para estruturarmos o pensamento. Espero que Roberta continue esse seu estudo para deliciar e provocar o meu intelecto.

O que comeremos daqui a vinte anos? Qual é o destino da alta (boa) cozinha?

Aqui, ao contrário, a pergunta é mais fácil! Sobre o tema futuro e destino, eu digo minha opinião, você diz a sua, e todos temos razão! Para falar sobre isso é preciso dar um passo atrás para entender melhor as coisas. Creio que atualmente estamos bem no meio de uma tempestade: antes os chefs estavam na cozinha, cada um debaixo do próprio teto, em sua própria região. Todos comendo suas próprias coisas, certamente muito boas. Sem retornar à Idade Média, mas examinando os anos 1970/1980, começou um percurso fascinante: a nouvelle cuisine, a nova cozinha, os espanhóis, os escandinavos, os peruanos... a química, a arquitetura, e o design... a contaminação, todos viajando para todo lado e dando suas opiniões! Demais talvez? O que vejo para o amanhã, pensando em minhas viagens de ontem e hoje, é simplesmente uma maior simplicidade. O todo em um prato que é certamente afirmação de personalidade, cultura e território, mas, sobretudo, uma expressão de Serenidade, Agradabilidade, Harmonia. Vale dizer: um futuro no qual ainda viveremos, certa e absolutamente, experiências maravilhosas e — por que não? — inesperadas!

Clément Vachon: canadense de nascimento, italiano por escolha! Um diploma em economia e comércio em Quebec e uma carreira no mundo da comunicação: dez anos na "doce" Ferrero entre Toronto, Turim e a Europa, alguns anos na "culta" Mondadori e, a partir de 1999, na "borbulhante" Sanpellegrino, onde trabalho com relações internacionais nos 130 países onde estamos presentes e onde, com prazer, trabalho, viajo e descubro cozinhas e culturas.

Casado com a "solar" Susanna e pai da "viajante" Olivia, ela também gastronauta...

Valerio Massimo Visintin

Escolhi Valerio Massimo Visintin porque ele sustenta que a alta cozinha não existe e que o anonimato de um crítico deve ser defendido com a própria vida. Como o escolhi, posso discutir amplamente com ele sobre isso e sobre outras coisas que não compartilhamos, certa de que terei diante de mim um adversário combativo, mas leal.

Em um mundo obcecado pela comida — seja porque é demais, seja porque não é suficiente —, é indispensável aprender a reconhecer o Bom. Como e onde?
"Bom" é um termo abstrato e volátil, subordinado a outras variantes de ordem sociológica: o ambiente cultural, a incidência das tradições, as modas, os fluxos migratórios e até as contingências econômicas. Não existe nenhum modo de canalizar estas correntes e regular seu percurso. Admitindo-se, aliás, que isto sirva para alguma coisa.

Para buscar o "Bom", como você diz, devemos tomar distância das categorias do gosto. E associar esse vocábulo a valores éticos. No presente e no futuro, é bom o alimento que respeita o ambiente e as pessoas.

Em qualquer campo, a crítica é expressão do julgamento. Sempre: do contrário, é crônica. O exercício da crítica pode ser considerado objetivo ou está destinado, por sua própria natureza, a ser condicionado pelo Eu?
A objetividade do pensamento crítico não existe, não importa o âmbito em que se exerce. Até mesmo as artes cultivadas há mais tempo e anatomizadas — penso na pintura, na literatura, na cinematografia... — não produzem um juízo unívoco, mas opiniões singulares. Sobretudo quando passam pelo crivo da contemporaneidade.

No entanto, o crítico gastronômico atua em um terreno ainda mais friável. Para começar, porque lida com uma profissão de cunho recente e de regras incertas, minada por infrações deontológicas tão cotidianas e reiteradas que até parecem ser a norma. Depois, porque nossa análise não se exerce sobre um produto acabado, idêntico a si mesmo em qualquer ocasião e diante de qualquer fruidor. Nossos veredictos se deduzem da narrativa da experiência irrepetível de um jantar ou almoço, exatamente como se fôssemos cronistas.

Filmes, livros, quadros, esculturas são obras acabadas e indeformáveis, a despeito do tempo e do tipo de plateia. Concertos e peças teatrais são suscetíveis a variações na forma e no rendimento, mas em medida bastante marginal. Todas estas modalidades expressivas, em todo caso, são dirigidas a uma coletividade. Enquanto a atividade culinária é, por sua natureza implícita, um serviço *ad personam*. Também por esta razão lapalissiana o crítico gastronômico deveria usar de um suplemento de cautela em benefício exclusivo do leitor, frequentando os restaurantes sempre incógnito. Apresentando-se, portanto, nas condições de um cliente qualquer.

Definitivamente, se o "eu" que você evocou é a sensibilidade pessoal de quem escreve, é uma coisa boa e justa que ele condicione o julgamento, pois o nosso ofício só tem sentido se é parcial e franco. Cabe ao leitor escolher o próprio ponto de referência, com base em afinidades intelectuais ou emocionais. Causa desconforto, porém, descobrir o quanto esta expressão individual, este pesadíssimo "eu" serve de passaporte para um itinerário utilitarista, traçado no mapa das conveniências, das amizades indevidas e dos interesses pessoais.

O que comeremos daqui a vinte anos? Qual é o destino da alta (boa) cozinha?
É uma pergunta que deveria ser feita aos guias que resenham restaurantes ainda por vir, cavalgando o futuro com a máquina do tempo. Por meu lado, só posso desejar o ocaso definitivo da expressão "alta cozinha". Até agora, ela foi utilizada para definir um estilo gastronômico que é colocado em um pedestal antes mesmo de ser submetido à prova. Gostaria que se voltasse a avaliar a cozinha de um restaurante por aquilo que efetivamente põe na mesa e não pelas etiquetas ou pelo nome de seu chef. Talvez esse seja, daqui a vinte anos, um ponto de partida compartilhado por todos.

Meu nome é **Valerio Massimo Visintin** e sou cronista gastronômico. Isso significa que meus dias consistem em entrar e sair de restaurantes, sem descanso, como se estivesse preso em uma porta giratória. Hoje escrevo no jornal *Corriere della Sera*: nas páginas impressas da coluna "Tempo Libero" e do suplemento semanal "ViviMilano" e, desde 2009, no blog *mangiare.milano.corriere.it*, na edição digital do jornal. Mas minha maratona de um restaurante a outro começou em 1990, com *Bar Giornale*. E prosseguiu com uma coleção infinita de resenhas para o mesmo *Corriere* e outros periódicos. Nesse meio-tempo publiquei dois livros de ficção: *Il mestiere del padre* [O ofício do pai] (2011) e *L'ombra del cuoco* [A sombra do cozinheiro] (2008). Aos quais veio se juntar um terceiro livrinho, extraído do blog de que falei: *Osti sull'orlo di una crisi di nervi* [Donos de restaurantes à beira de um ataque de nervos] (2013).

Fim.

E se a verdade fosse justamente o contrário?

Não é curioso? Só agora me dei conta de que acabei de concluir uma tentativa de teoria da crítica gastronômica partindo do conceito de juízo.

Traição. Logo eu, que tenho *A queda*, de Camus, entre meus textos de formação? Esse livro, todo sublinhado, está há vinte anos nas mesas de cabeceira mais importantes da minha vida. Trata da autoacusação do homem como único meio de salvação da maldade do mundo. Mundo que tem, em si, uma predisposição feroz a julgar.

Talvez seja uma brincadeira do destino. Talvez, uma justa punição. É Camus quem diz: "Hoje em dia estamos sempre prontos para o julgamento, como para a fornicação. Com a diferença de que não é preciso temer o fracasso."

É fato que, seguindo respeitosamente os passos de Santo Agostinho, fui tomada por algumas dúvidas ao concluir o trabalho. Será por que percebi, ao ler as contribuições dos convidados a quem pedi uma opinião sobre o assunto, que quase nenhum deles concorda comigo? Será por que, cada vez que as pessoas me perguntam "Sobre o que será o seu novo livro?" e respondo "As sete regras universais para julgar um bom jantar" elas me olham interessadas, mas com certo ar de comiseração, como quem diz "Missão impossível, pobrezinha"? Será por que um amigo sábio me ensinou que ao final de qualquer reflexão é sempre bom se perguntar: "E se a verdade fosse justamente o contrário?"

Justamente. E se fosse verdade que o juízo gastronômico é puramente subjetivo e, portanto, construir uma teoria sobre ele é impossível? Se fosse verdade que um parecer gastronômico não pode ser objetivo? Passo a palavra a vocês. Está aberto o debate.

Sim, é verdade: o termo "regras" já parece presunçoso. Quem tem a coragem de codificar é colocado na berlinda e tachado de imodesto. Mas não tentar significa continuar na mais completa confusão; e não conseguimos sair da prática do "fogo amigo" que atinge a nossa maravilhosa cozinha, alta ou não. Somos bons, não podemos nos lamentar, temos tudo, mas não conseguimos ser os primeiros da turma. "Nós, italianos, temos matérias-primas demais, receitas demais e avós demais, e tendo muito não comunicamos nada!", diz o chef Davide Scabin.

Se é verdade, conforme vimos, que a gastronomia é, ao mesmo tempo, história, ciência econômica, agricultura e política, ela terá, portanto, cada vez mais influência sobre a realidade e a sociedade. Se arraso três restaurantes vegetarianos, ponho em questão um produtor de hortaliças: a crítica gastronômica tem forte impacto sobre a economia, a gastronomia é, sobretudo, economia. Sendo assim, Petrini tem razão quando diz que comer é o primeiro ato agrícola.

Mas este livro vai além do produto, este livro é sobre a teoria do alimento e do mundo dos restaurantes. O processo lógico sobre o juízo a respeito da comida é extraordinariamente recente: no pós-guerra ninguém parava para discorrer sobre o equilíbrio entre ácido e amargo. E é extraordinariamente ocidental: o problema do frescor do alimento não se coloca onde não há comida, nem rançosa. Talvez Appelbaum tenha razão: a "revolução alimentar" que envolveu meio planeta nestes últimos vinte anos e que levou à proliferação infinita dos restaurantes multiplicou, na verdade, a desigualdade social. Talvez seja inútil buscar regras para uma teoria dos restaurantes e da boa cozinha, talvez devêssemos permanecer, todos nós, como simples comensais não pensantes ou amantes da boa mesa, que não se preocupam em entender, avaliar, conhecer quem e o que está por trás de um prato, de um vinho, de um óleo, de um pão.

Mas depois penso comigo: "Não, não é nos deixando contaminar pela febre da demagogia que poderemos abrir novos caminhos." Útil ou não, consumista ou não, o juízo sobre a comida é uma realidade, basta fazer as contas. A crítica como expressão do juízo é tão imperfeita porque o humano é falho. Aceitemos isso. Mas é preciso que exista uma crítica para construir, não para destruir. Esta tentativa de teoria honesta sobre o mundo dos restaurantes traz regras universais em benefício justamente do comensal e de sua consciência de comedor, porque são regras aplicáveis a cozinhas de qualquer nível, mesmo nas casas particulares; porque uma teoria beneficia também quem está na cozinha, que se sente defendido e compreendido em uma profissão tirana, ou desmascarado, conforme o caso. Dirijo-me a todos os amantes da boa mesa, louvo a consciência da boa cozinha partilhada: do restaurante condecorado à *trattoria* ao lado de casa e ao almoço de domingo na casa de amigos. Um juízo sobre a comida não para ter "poder sobre", mas para ter "poder de". Mudar as coisas, divulgar o nome de quem merece, ajudar quem não tem voz, movimentar o mercado: estes são os objetivos e as consequências de discorrer sobre o mundo dos restaurantes. E fazer isso com a consciência de que podemos errar; com uma visão, não de onipotência, mas de uma tarefa a cumprir com responsabi-

FIM

lidade. Cada vez que me vejo diante de um livro, aprendi a perguntar: a humanidade tem, mesmo que minimamente, necessidade dele? Este livro faz pensar? Pode contribuir para melhorar, por pouco que seja, o estado das coisas? Transfiro esta pergunta a vocês, pois prefiro formular perguntas do que dar respostas. Afinal, "e se a verdade fosse justamente o contrário?"

Bibliografia

AA.VV., *A tavola com gli dei. La cultura del cibo tra alimentazione e simbologia*, Il Cerchio, 1996.

AA.VV., *Semiofood. Comunicazione e cultura del cibo*, Centro Scientifico Editore, 2006.

AA.VV., *Cibo, cultura e identità*, Carocci, 2008.

Adrià, Ferran, *A refeição em família*, Agir, 2012, tradução de Soraya Imon de Oliveira.

Appelbaum Robert, *De Gustibus*, Odoya, 2012.

Appiano Ave, *Bello da mangiare: il cibo come forma simbolica nell'arte*, Meltemi, 2001.

Atala, Alex, *D.O.M. – Redescobrindo ingredientes brasileiros*, Melhoramentos, 2013.

Barbery, Muriel, *A morte do gourmet*, Companhia das Letras, 2009, tradução de Rosa Freire d'Aguiar.

Bayard, Pierre, *Como falar dos livros que não lemos?*, Objetiva, 2007, tradução de Rejane Janowitzer.

Biscalchin, Gianluca, *Prêt-à-gourmet*, Mondadori, 2013.

Bloom, Harold, *Gênio*, Objetiva, 2003, tradução de José Roberto O'Shea.

Bourdain, Anthony, *Cozinha confidencial, uma aventura nas entranhas da culinária*, Companhia das Letras, 2001, tradução de Beth Vieira.

Brillat-Savarin, Jean-Anthelme, *A fisiologia do gosto*, Companhia das Letras, 1995, tradução de Paulo Neves.

Bucchi, Massimiano, *Il pollo di Newton*, Guanda, 2013.

Buford, Bill, *Calor*, Companhia das Letras, 2007, tradução de Pedro Maia Soares.

Buzzi, Aldo, *L'uovo alla kok*, Adelphi, 2006.

Calciolari, Giancarlo, *Teoria della cucina*, Transfinito, 2010.

Camporesi, Pietro, *La terra e la luna*, Garzanti, 2011.

Camus, Albert, *A queda*, Record, 1956, tradução de Valérie Rumjanek.

Caramella, Santino, *Commentari alla ragion pura*, Palumbo, 1956.

Cassi, Davide e Ettore Bocchia, *Il Gelato Estemporaneo*, Sperling & Kupfer, 2005.

Chelminski, Rudolph, *O perfeccionista. A vida e a morte do chef Bernard Loiseau*, Record, 2007, tradução de Luiz Antônio Aguiar.

Damrosch, Phoebe, *Um menu de aventuras – como me tornei expert na arte de servir*, Senac, 2009, tradução de Alice Klesck.

Emerson, Ralph E. *Quotation and Originality*, in Saggi, Boringhieri, 1962.

Escopffier, A. P. Gilbert, E. Fetu, *Guida alla grande cucina*, Orme Editori, 2012.

Faccioli, Aldo, (org.), *L'arte della cucina in Italia*, Giulio Einaudi Editore, 1987.

Gadda, Carlo Emilio, *O conhecimento da dor*, Rocco, 1988, tradução de Mario Fondelli.

Goody, Jack, *Cibo e amore*, Raffaello Cortina Editore, 2012.

Gopnik, Adam, *In principio era la tavola*, Guada, 2012.

Gotti, Guarnaschelli Marco, *Grande enciclopedia illustrata della gastronomia*, Università degli Studi do Scienze Gastronomiche, Mondadori, 2007.

Guglielminetti, M. G. Zaccaria, *La critica letteraria dallo storicismo alla semiologia*, La Scuola, 1986.

Harris, Marvin, *Buono da mangiare*, Einaudi, 2006.

Lander, Nicholas, *The Art of the Restaurateur*, Phaidon, 2012.

Marchesi, Gualtiero *Il Codice Marchesi*, Fabbri, 2012.

Mayle, Peter, *Lezioni di francese*, Garzanti, 2005.

Montanari, M. J. L. Flandrin, *História da alimentação*, Estação Liberdade, 1998, tradução de Luciano Vieira Machado, Guilherme J. F. Teixeira.

Montanari, Massimo, *Comida como cultura*, Senac SP, 2008, tradução de Letícia Martins de Andrade.

_____, *Il riposo della polpetta e altre storie intorno ao cibo*, Laterza, 2009.

_____, *L'identità italiana in cucina*, Laterza, 2010.

Muzzarelli, Maria Giuseppina, *Nelle mani delle donne*, Laterza, 2013.

Oliver, Jamie, *Revolução na cozinha*, Globo, 2008, tradução de Leonardo Antunes.

Onfray, Michel, *O ventre dos filósofos. Crítica da razão dietética*, Rocco, 1990, tradução de Ana Maria Scherer.

Pellaprat, Henri-Paul, *L'arte della cucina moderna*, Rizzoli, 2009.

Petrini, Carlo, *Terra Madre*, Giunti – Slow Food Editore, 2009.

_____, *Slow Food: le ragioni del gusto*, Laterza, 2003.

Pollan, Michael, *O dilema do onívoro*, Intrínseca, 2007, tradução de Cláudio Figueiredo.

_____, *Em defesa da comida, um manifesto*, Intrínseca, 2008, tradução de Adalgisa Campos da Silva.

Priewe, Jens, *Vino. Una cultura mondiale*, Edizioni Bolis, 2007.

Ravanello, Deborah, *Il significato delle prescrizioni alimentari nelle grandi religioni*, Edizioni Mediterranee, 2006.

Redzepi, René, *Cook it Raw*, Phaindon, 2012.

Reichl, Ruth, *Alhos e safiras – a vida secreta de uma crítica gastronômica*, Objetiva, 2006, tradução de Maria Cláudia Oliveira.

Rigotti, Francesca, *Gola. La passione dell'ingordigia*, il Mulino, 2008.

_____, *La filosofia in cucina*, il Mulino, 2012.

_____, *Nuova filosofia delle piccole cose*, Interlinea, 2013.

Rival, Ned, *Il buongustaio eccentrico: vita e opere di A.B.L. Grimod de La Reynière*, Slow Food Editore, 2007.
Roca, Joan, *La cucina di mia madre*, Vallardi, 2014.
Schira, Roberta, *Cucinoterapia*, Salni, 2009.
_____, *Piazza Gourmand*, Ponte alle Grazie, 2007.
This, Hervé, *Pentole & Provette*, Gambero Rosso, 2003.
This, Hervé, e Pierre Gagnaire, *Il bello è il buono*, Gambero Rosso, 2006.
Tura, Graziana Canova, *Il Giappone in cucina*, Ponte alle Grazie, 2006.
Visintin, Valerio M. *Osti sull'orlo di una crisi di nervi*, Terre di mezzo, 2013.
Where Chefs Eat, A Guide to Chef's Favourite Restaurants, Phaidon, 2012.
Widmann, Claudio, *Il simbolismo dei colori*, Ma.Gi., 2000.

E também:

www.slowfood.it/education/filemanager/resources/Origini_Gusto_ita.pdf

www.dissapore.com

www.identitagolose.it

www.gazzettagastronomica.it

http://blog.paperogiallo.net

Seja um leitor preferencial Record.
Cadastre-se e receba informações sobre nossos
lançamentos e nossas promoções.

Atendimento e venda direta ao leitor
mdireto@record.com.br ou (21) 2585-2002

Este livro foi composto na tipologia Cantoria LT Std,
em corpo 10,5/15,2, impresso em papel offwhite,
no Sistema Cameron da Divisão Gráfica
da Distribuidora Record.